HMH DIMENSIONES DE LAS CIENCIAS™ LA INGENIERÍA Y LAS CIENCIAS

Módulo A

Este libro del estudiante para escribir pertenece a

____

Maestro/Salón

____

Houghton Mifflin Harcourt™

Autores de consulta

Michael A. DiSpezio

Global Educator
North Falmouth, Massachusetts

Michael DiSpezio has authored many HMH instructional programs for Science and Mathematics. He has also authored numerous trade books and multimedia programs on various topics and hosted dozens of studio and location broadcasts for various organizations in the United States and worldwide. Most recently, he has been working with educators to provide strategies for implementing the Next Generation Science Standards, particularly the Science and Engineering Practices, Crosscutting Concepts, and the use of Evidence Notebooks. To all his projects, he brings his extensive background in science, his expertise in classroom teaching at the elementary, middle, and high school levels, and his deep experience in producing interactive and engaging instructional materials.

Marjorie Frank

Science Writer and Content-Area Reading Specialist
Brooklyn, New York

An educator and linguist by training, a writer and poet by nature, Marjorie Frank has authored and designed a generation of instructional materials in all subject areas, including past HMH Science programs. Her other credits include authoring science issues of an award-winning children's magazine, writing game-based digital assessments, developing blended learning materials for young children, and serving as instructional designer and coauthor of pioneering school-to-work software. In addition, she has served on the adjunct faculty of Hunter, Manhattan, and Brooklyn Colleges, teaching courses in science methods, literacy, and writing. For *HMH Science Dimensions™*, she has guided the development of our K–2 strands and our approach to making connections between NGSS and Common Core ELA/literacy standards.

Acknowledgments

Cover credits: (toothpick bridge) ©Houghton Mifflin Harcourt; (watermelon) ©malerapaso/Getty Images; (modern bridge) ©dvoevnore/Shutterstock.

Section Header Master Art: (machinations) ©DNY59/E+/Getty Images

Printed in the U.S.A.

ISBN 978-0-544-97958-1

2 2026

4500939738 C D E F G

Michael R. Heithaus, PhD

Dean, College of Arts, Sciences & Education
Professor, Department of Biological Sciences
Florida International University
Miami, Florida

Mike Heithaus joined the FIU Biology Department in 2003 and has served as Director of the Marine Sciences Program and Executive Director of the School of Environment, Arts, and Society, which brings together the natural and social sciences and humanities to develop solutions to today's environmental challenges. He now serves as Dean of the College of Arts, Sciences & Education. His research focuses on predator-prey interactions and the ecological importance of large marine species. He has helped to guide the development of Life Science content in *HMH Science Dimensions*™, with a focus on strategies for teaching challenging content as well as the science and engineering practices of analyzing data and using computational thinking.

Cary I. Sneider, PhD

Associate Research Professor
Portland State University
Portland, Oregon

While studying astrophysics at Harvard, Cary Sneider volunteered to teach in an Upward Bound program and discovered his real calling as a science teacher. After teaching middle and high school science in Maine, California, Costa Rica, and Micronesia, he settled for nearly three decades at Lawrence Hall of Science in Berkeley, California, where he developed skills in curriculum development and teacher education. Over his career, Cary directed more than 20 federal, state, and foundation grant projects and was a writing team leader for the Next Generation Science Standards. He has been instrumental in ensuring *HMH Science Dimensions*™ meets the high expectations of the NGSS and provides an effective three-dimensional learning experience for all students.

Consultores del programa

Paul D. Asimow, PhD
Eleanor and John R. McMillan Professor of Geology and Geochemistry
California Institute of Technology
Pasadena, California

Joanne Bourgeois
Professor Emerita
Earth & Space Sciences
University of Washington
Seattle, WA

Dr. Eileen Cashman
Professor
Humboldt State University
Arcata, California

Elizabeth A. De Stasio, PhD
Raymond J. Herzog Professor of Science
Lawrence University
Appleton, Wisconsin

Perry Donham, PhD
Lecturer
Boston University
Boston, Massachusetts

Shila Garg, PhD
Emerita Professor of Physics
Former Dean of Faculty & Provost
The College of Wooster
Wooster, Ohio

Tatiana A. Krivosheev, PhD
Professor of Physics
Clayton State University
Morrow, Georgia

Mark B. Moldwin, PhD
Professor of Space Sciences and Engineering
University of Michigan
Ann Arbor, Michigan

Ross H. Nehm
Stony Brook University (SUNY)
Stony Brook, NY

Kelly Y. Neiles, PhD
Assistant Professor of Chemistry
St. Mary's College of Maryland
St. Mary's City, Maryland

John Nielsen-Gammon, PhD
Regents Professor
Department of Atmospheric Sciences
Texas A&M University
College Station, Texas

Dr. Sten Odenwald
Astronomer
NASA Goddard Spaceflight Center
Greenbelt, Maryland

Bruce W. Schafer
Executive Director
Oregon Robotics Tournament & Outreach Program
Beaverton, Oregon

Barry A. Van Deman
President and CEO
Museum of Life and Science
Durham, North Carolina

Kim Withers, PhD
Assistant Professor
Texas A&M University-Corpus Christi
Corpus Christi, Texas

Adam D. Woods, PhD
Professor
California State University, Fullerton
Fullerton, California

Revisores docentes

Cynthia Book, PhD
John Barrett Middle School
Carmichael, California

Katherine Carter, MEd
Fremont Unified School District
Fremont, California

Theresa Hollenbeck, MEd
Winston Churchill Middle School
Carmichael, California

Kathryn S. King
Science and AVID Teacher
Norwood Jr. High School
Sacramento, California

Donna Lee
Science/STEM Teacher
Junction Ave. K8
Livermore, California

Rebecca S. Lewis
Science Teacher
North Rockford Middle School
Rockford, Michigan

Bryce McCourt
8th Grade Science Teacher/Middle School Curriculum Chair
Cudahy Middle School
Cudahy, Wisconsin

Sarah Mrozinski
Teacher
St. Sebastian School
Milwaukee, Wisconsin

Raymond Pietersen
Science Program Specialist
Elk Grove Unified School District
Elk Grove, California

Eres científica.
Eres curiosa por naturaleza.

¿Te has preguntado...

- por qué es tan difícil atrapar una mosca?
- por qué puede aparecer una isla nueva en el océano?
- cómo diseñar una casita increíble en un árbol?
- cómo puede una nave espacial enviar mensajes por el sistema solar?

HMH DIMENSIONES DE LAS CIENCIAS™

DESPERTARÁ tu curiosidad.

Y te preparará para

✓	mañana
✓	el año que viene
✓	la universidad o tu profesión
✓	la vida

¿Qué imaginas para dentro de quince años?

Conviértete en científico.

Trabaja como lo hacen los científicos de verdad.

Conviértete en ingeniero.

Resuelve problemas como lo hacen los ingenieros.

STEM

Reúne información

Razona adecuadamente

Explica el mundo que te rodea.

Empieza con una pregunta.

Realiza investigaciones

Colabora

Desarrolla explicaciones

Hay más de una manera de hallar la respuesta. ¿Cuál es TU MANERA?

Elabora argumentos

TU programa

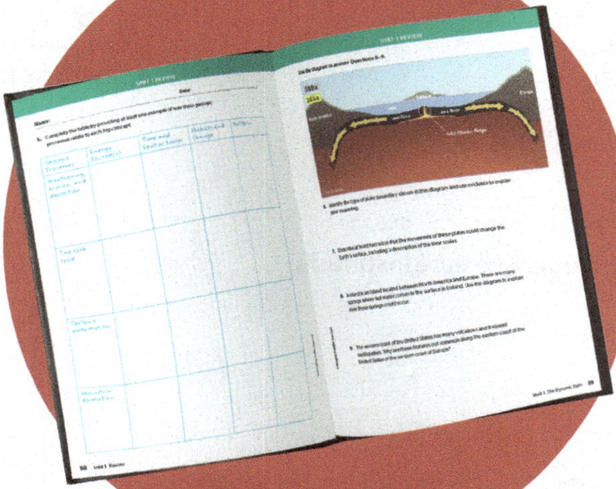

Libro del estudiante para escribir:

- Este libro innovador y completamente nuevo te guiará mientras transitas el currículo para la próxima generación, incluido el programa de actividades prácticas y de laboratorio.

Libro interactivo del estudiante en línea:

- Es una versión completa del libro del estudiante en línea, enriquecida con videos, actividades interactivas, animaciones, simulaciones, lugares para ingresar datos, dibujar y guardar tu trabajo.

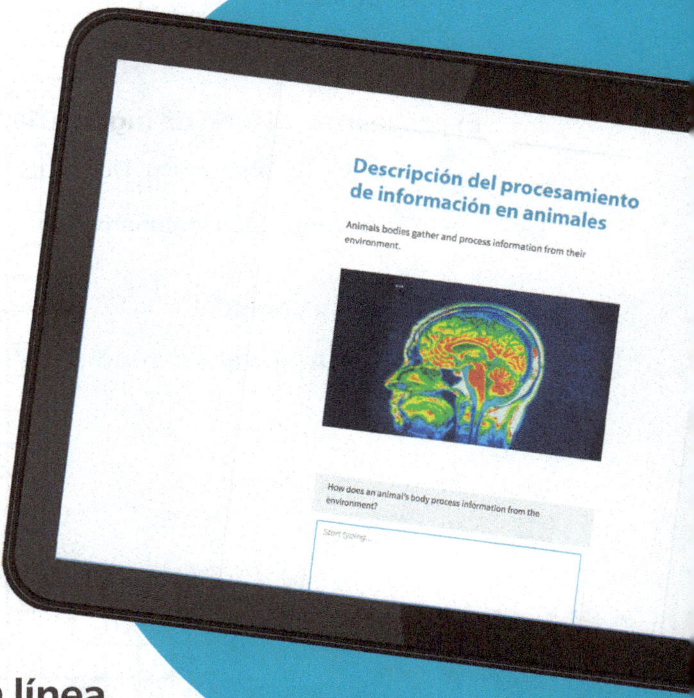

Otras herramientas disponibles en línea para que practiques y aprendas sobre ciencias:

- Prácticas de laboratorio
- Manual de prácticas de ciencias y de ingeniería
- Manual de conceptos transversales
- Manual de artes del lenguaje
- Manual de matemáticas

UNIDAD 1

Introducción a la ingeniería y a las ciencias

El diseño de montañas rusas debe satisfacer la necesidad de tener una experiencia divertida y segura en los parques de diversiones.

UNIDAD 2

La práctica de la ingeniería

El reto que se les presenta a quienes participan en las carreras de carros movidos por la gravedad es construir el carro sin motor más rápido posible.

Siempre que estés en el laboratorio o haciendo trabajo de campo, eres responsable de tu propia seguridad y de la seguridad de los demás. Para asumir esta responsabilidad y evitar accidentes, debes pensar en tu seguridad y en la de tus compañeros en todo momento. Tómate el trabajo en el laboratorio y en el campo seriamente y compórtate de manera adecuada. Los elementos de seguridad que debes tener en cuenta se muestran a continuación y en las páginas siguientes.

Seguridad en el laboratorio

- ☐ Asegúrate de conocer bien los materiales, el procedimiento y las reglas de seguridad antes de comenzar una investigación.
- ☐ Debes saber dónde encontrar y cómo usar los extintores, las estaciones para lavarse los ojos, las duchas y los interruptores de emergencia.
- ☐ Usa el equipo de seguridad adecuado. Siempre debes usar el equipo de seguridad personal, como los elementos para proteger los ojos y los guantes, cuando preparas una actividad de laboratorio, durante la actividad y cuando limpias y ordenas.
- ☐ No comiences a trabajar hasta que el maestro te lo indique. Sigue las instrucciones.
- ☐ Mantén el laboratorio limpio y ordenado. Limpia todo cuando termines. Si se produce un derrame, avísale inmediatamente al maestro. Fíjate si hay riesgo de resbalones, tropiezos o caídas.
- ☐ Si te lastimas o ves que otro estudiante se lastima, avísale inmediatamente al maestro, incluso si la lesión no parece importante.
- ☐ No ingreses al laboratorio con alimentos ni bebidas. Nunca saques sustancias químicas del laboratorio.

Seguridad en el campo

- ☐ Asegúrate de entender el objetivo del trabajo de campo y la manera apropiada de llevar a cabo la investigación antes de comenzar a trabajar.
- ☐ Usa el equipo de seguridad y el equipo de seguridad personal, como los elementos para proteger los ojos, que sean adecuados para el terreno y el estado del tiempo.
- ☐ Sigue las instrucciones del maestro, incluidos los procedimientos de seguridad.
- ☐ No te acerques a los animales silvestres ni los toques. No toques ninguna planta, a menos que el maestro te lo indique. Cuando te vas, el área natural que visitaste debe quedar igual a como la encontraste.
- ☐ No te alejes del grupo.
- ☐ Sigue los procedimientos adecuados en caso de accidente. Si detectas un riesgo en el lugar o se produce un accidente, avísale inmediatamente al maestro, incluso si el riesgo o el accidente no parecen importantes.

Símbolos de seguridad

Los siguientes símbolos se usan para señalar las medidas de precaución específicas que debes tomar durante las actividades de laboratorio. Recuerda que, además de los símbolos de seguridad que aparezcan en cada actividad, debes respetar todas las reglas de seguridad en todo momento.

Vestimenta

- Usa gafas protectoras (o lentes protectores, según lo que sea adecuado para la actividad) en todo momento en el laboratorio, tal como se te indique. Si te entra una sustancia química en el ojo, enjuágate los ojos de inmediato, durante al menos 15 minutos.
- No uses lentes de contacto en el laboratorio.
- No mires directamente el sol, fuentes de luz intensa ni láseres.
- Usa guantes protectores sin látex cuando te lo indiquen.
- Usa un delantal o bata de laboratorio en todo momento cuando te lo indiquen.
- Si tienes pelo largo, átatelo; asegura la ropa suelta y quítate la bisutería que se mueva. Si tienes uñas de acrílico, quítatelas si vas a trabajar con llamas activas.
- No uses zapatos de punta abierta, sandalias ni alpargatas en el laboratorio.

Seguridad en el manejo de objetos de vidrio y filosos

- No uses objetos de vidrio astillados o rajados.
- Usa recipientes de vidrio resistentes al calor para calentar materiales o guardar materiales calientes.
- Avísale inmediatamente al maestro si se rompe un objeto de vidrio.
- Manipula con muchísimo cuidado los instrumentos filosos o con punta.
- Cuando cortes un objeto, no lo sostengas con la mano. Coloca el objeto sobre una superficie adecuada para cortar y siempre corta en una dirección contraria a la posición de tu cuerpo.

Seguridad en el manejo de sustancias químicas

- Si una sustancia química entra en contacto con tu piel, tu ropa o tus ojos, enjuágala inmediatamente, durante al menos 15 minutos (usa la ducha, el grifo o la estación para el lavado de ojos) y avísale al maestro.
- No limpies sustancias químicas que se hayan derramado a menos que te lo indique el maestro.
- No inhales ningún gas o vapor a menos que te lo indique el maestro. Si te indican que tomes nota del olor de una sustancia, agita suavemente la mano para acercar los vapores a la nariz. Nunca acerques la nariz al recipiente.
- Manipula los materiales que emiten vapores o gases en un área bien ventilada.
- No te toques la cara cuando estés trabajando en cualquier actividad.

Símbolos de seguridad (continuación)

Seguridad en el manejo de la electricidad

- No uses aparatos que tengan cables desgastados o enchufes sueltos.
- No uses aparatos eléctricos cerca del agua o si tienes la ropa o las manos húmedas.
- Sostén el enchufe cuando conectes o desconectes los aparatos. Nunca tires del cable.
- Usa únicamente receptáculos con descarga a tierra.

Seguridad en el manejo de objetos calientes y fuego

- Localiza las fuentes de llamas, chispas o calor (como el fuego, espirales calentadoras u hornillas) antes de comenzar a trabajar con sustancias inflamables.
- Debes saber dónde se encuentran el extintor del laboratorio y las mantas antiincendios.
- Debes conocer el plan de evacuación de la escuela en caso de incendio.
- Si se prende fuego tu ropa, camina hasta la ducha para apagarlo. No corras.
- Nunca dejes de prestar atención a las hornillas cuando estén encendidas o mientras se estén enfriando.
- Usa pinzas o instrumentos aislantes cuando manipules objetos calientes.
- Espera que el equipo se enfríe antes de guardarlo.

Seguridad en el manejo de plantas y animales

- No comas ninguna parte de una planta.
- No recojas ninguna planta silvestre a menos que el maestro te indique que lo hagas.
- Interactúa con los animales únicamente como te lo indique el maestro.
- Trata a los animales con cuidado y respeto.
- Lávate bien las manos con agua y jabón después de tocar plantas o animales.

Limpieza

- Limpia todas las superficies de trabajo y el equipo de protección como te lo indique el maestro.
- Desecha los materiales peligrosos y los objetos filosos únicamente como te indique el maestro.
- Lávate bien las manos con agua y jabón antes de irte del laboratorio y después de cualquier actividad.

Nombre: **Fecha:**

Examen breve de seguridad

Encierra en un círculo la letra de la respuesta CORRECTA.

1. Antes de comenzar una investigación o un procedimiento en el laboratorio, debes

A. hacer un experimento por tu cuenta.

B. abrir todos los recipientes y paquetes.

C. leer todas las instrucciones y asegurarte de entenderlas.

D. manipular todos los objetos para familiarizarte con ellos.

2. Al final de cualquier actividad, debes

A. lavarte bien las manos con agua y jabón antes de irte del laboratorio.

B. taparte la cara con las manos.

C. ponerte las gafas protectoras.

D. dejar las hornillas encendidas.

3. Si te lastimas o te haces daño, debes

A. decírselo inmediatamente a tu maestro.

B. buscar vendas o un kit de primeros auxilios.

C. ir a la oficina del director.

D. pedir ayuda después de terminar la actividad.

4. Si un objeto de vidrio está astillado o rajado, debes

A. usarlo solo con materiales sólidos.

B. dárselo a tu maestro para que lo recicle o lo deseche.

C. volver a colocarlo en el armario.

D. romperlo más para que se note bien.

5. Si quedaron sustancias químicas sin usar al finalizar el procedimiento, debes

A. verterlas en un fregadero o drenaje.

B. mezclarlas en un balde.

C. ponerlas en su recipiente original.

D. desecharlas como lo indique el maestro.

6. Si un aparato tiene un cable desgastado, debes

A. desenchufar el aparato tirando del cable.

B. dejar el cable colgando de un lado de un mostrador o de una mesa.

C. informar al maestro sobre el problema.

D. poner cinta adhesiva alrededor del cable para repararlo.

7. Si necesitas determinar el olor de una sustancia química o una solución, debes

A. mover la mano suavemente para acercar los vapores del recipiente a la nariz.

B. acercar el recipiente a la nariz e inhalar profundamente.

C. decírselo inmediatamente a tu maestro.

D. usar equipos sensibles a los olores.

8. Si trabajas con materiales que puedan dispersarse en el aire y lastimar los ojos de alguien, debes usar

A. gafas protectoras.

B. un delantal.

C. guantes.

D. un gorro.

9. Antes de hacer un experimento en el que se use una fuente de calor, debes saber dónde está

A. la puerta.

B. la ventana.

C. el extintor.

D. la luz.

10. Si te entra una sustancia química en el ojo, debes

A. lavarte las manos inmediatamente.

B. ponerle la tapa al recipiente de la sustancia.

C. esperar y fijarte si se te irrita el ojo.

D. ir de inmediato a la estación de lavado de ojos y lavarte al menos durante 15 min.

Conéctate y lee el Manual de seguridad en el laboratorio para obtener más información.

Introducción a la ingeniería y a las ciencias

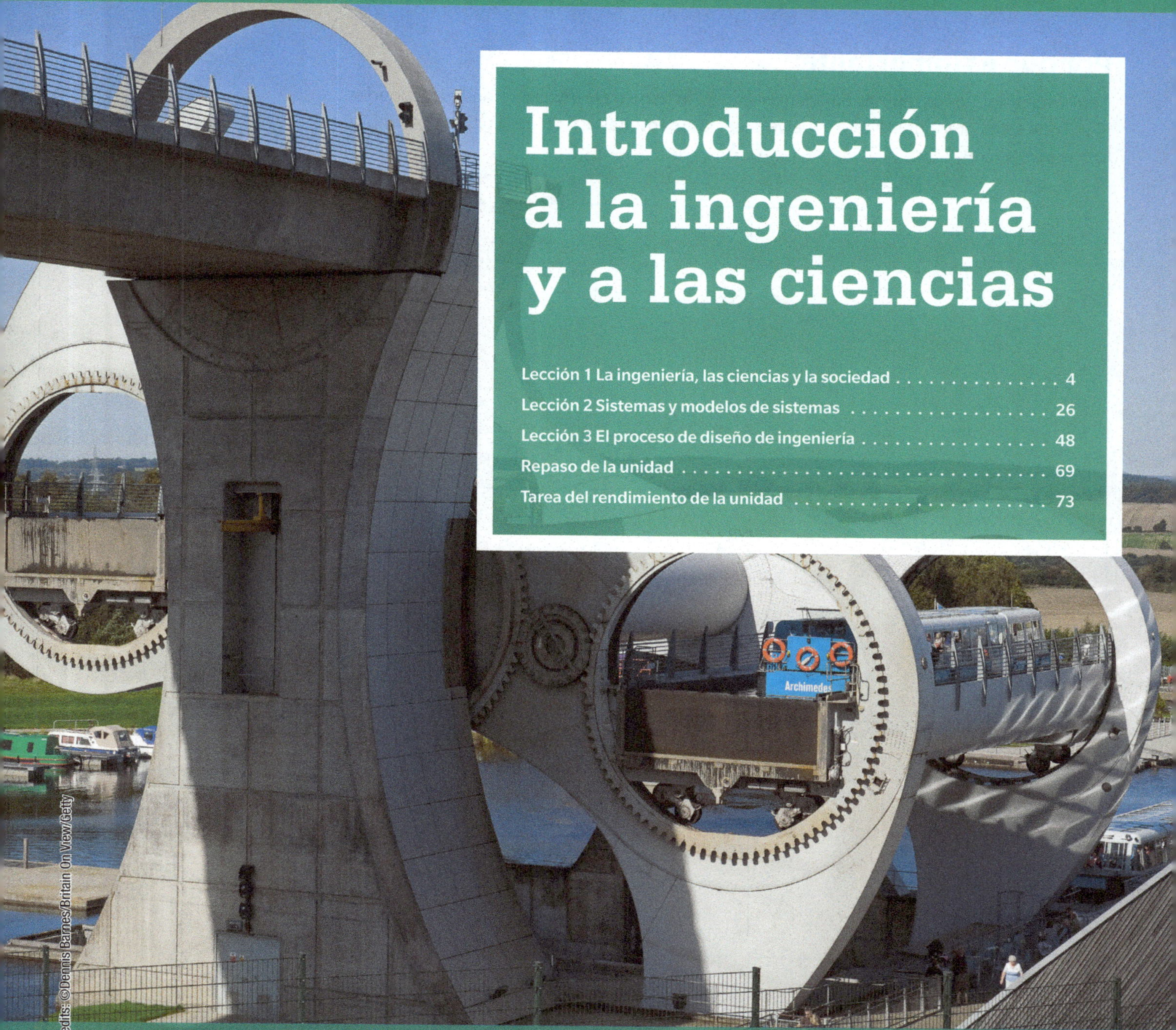

La rueda de Falkirk es un ascensor de barcos que conecta dos importantes vías navegables en Escocia. Es un ejemplo de cómo la tecnología y la ciencia le permiten a los ingenieros desarrollar herramientas para resolver problemas actuales.

A lo largo de la historia, los seres humanos han usado objetos, herramientas y procesos para mejorar su vida. Con el progreso de los descubrimientos científicos y el avance de la tecnología, las conexiones entre la ingeniería, las ciencias y la sociedad se han vuelto aún mayores. En esta unidad, explorarás esas conexiones. También investigarás de qué manera los científicos y los ingenieros usan sistemas y modelos de sistemas cuando trabajan en un proceso de diseño de ingeniería.

Por qué es importante

Aquí tienes algunas preguntas para ir pensando a lo largo de la unidad. ¿Puedes responder alguna de estas preguntas ahora? Vuelve a leer las preguntas al final de la unidad para aplicar lo que aprendiste.

Preguntas	Notas
¿En qué te ha ayudado la tecnología a resolver problemas de la vida cotidiana?	
¿Qué cambios tecnológicos has visto a lo largo de tu vida?	
¿Qué impacto han tenido esos cambios sobre ti y sobre tu comunidad?	
¿Qué problemas sociales se podrían resolver mediante avances tecnológicos?	
¿Qué miembros de tu comunidad se beneficiarían más si se resolvieran esos problemas?	

Para comenzar: Hacer preguntas y definir problemas

Piensa en cómo sentirías los brazos si tuvieras que sostener un balde pesado por mucho tiempo. Identifica los puntos más importantes para definir el problema e investiga soluciones en la foto de abajo.

El cielorraso está goteando, lo cual es un problema para los dueños de esta casa.

Los dueños de la casa están usando baldes para evitar que el agua caiga al suelo. Los baldes son la primera solución a este problema.

A medida que se va acumulando agua en los baldes, se tornan más pesados y es más difícil sostenerlos.

1. El problema original en la imagen es que el cielorraso está goteando. Otro problema es que los baldes son pesados y difíciles de sostener. Elige todas las preguntas que los dueños de la casa podrían hacerse en relación con lo que deben hacer a continuación para resolver el problema.

A. ¿Hay una forma mejor de sostener los baldes?

B. ¿El problema está en el cielorraso o en el techo que está sobre él?

C. ¿De qué está hecho el cielorraso?

D. ¿Qué color debemos usar para volver a pintarlo?

E. ¿Qué debemos hacer cuando se llenen los baldes?

Proyecto de la unidad

Para planear el proyecto de esta unidad, conéctate y descarga la Planilla de proyectos.

¡Soluciones poderosas!

¿Puedes usar la tecnología para mejorar tu comunidad? Busca un problema en tu comunidad que te inspire a hallar una mejor solución. Investiga y desarrolla una propuesta sobre la mejor forma de resolver este problema.

LECCIÓN 1

La ingeniería, las ciencias y la sociedad

Un sistema de transbordadores proveía transporte entre los distritos de Nueva York mucho antes de que se construyeran los puentes. El transbordador de Staten Island es uno de los últimos servicios que quedan.

Al final de esta lección...

podrás describir las relaciones entre la ingeniería, las ciencias y la sociedad.

Conéctate para ver la versión digital de la Práctica de laboratorio de esta lección y descargar recursos adicionales.

¿PUEDES EXPLICARLO?

¿Qué necesidades influyeron en el desarrollo de los mosquiteros?

Los mosquiteros tratadas con insecticida ayudan a evitar la propagación de la malaria en los países en vías de desarrollo. La malaria se propaga a través de las picaduras de mosquito. Los mosquiteros deben satisfacer las necesidades de las personas que las usan.

1. ¿Cuál de los siguientes factores suele influir en el diseño y el desarrollo de soluciones de ingeniería? Encierra en un círculo todas las opciones correctas.
   A. los descubrimientos científicos
   B. la disponibilidad de recursos naturales
   C. los deseos y necesidades de la sociedad
   D. los deseos y necesidades de los individuos
   E. el costo total de la solución

2. ¿La solución a un problema de ingeniería tiene que atender todas las necesidades de sus usuarios? Explica tu respuesta.

CUADERNO DE EVIDENCIAS Mientras trabajas con la lección, reúne evidencias para explicar cómo diversos factores pueden influir en el desarrollo de una tecnología.

Relacionar las ciencias, la ingeniería y la tecnología

La ciencia es el estudio de los fenómenos. Es una búsqueda de conocimientos sobre cómo funcionan los sistemas naturales y diseñados. Los descubrimientos científicos mejoran o modifican nuestra comprensión de los fenómenos naturales. La ingeniería es un área de estudio relacionada con las ciencias. La **ingeniería** es la práctica sistemática de resolver problemas mediante soluciones diseñadas. Las soluciones diseñadas y construidas por los ingenieros son ejemplos de tecnología. La **tecnología** es cualquier herramienta, proceso o sistema diseñado para resolver un problema. El mundo diseñado incluye todas las partes del medio ambiente que fueron creadas por las personas. Tú estás rodeado por el mundo diseñado. Dependes de él. El mundo diseñado existe dentro del mundo natural.

Un vulcanólogo camina cerca de la boca de un volcán activo. La temperatura de la lava puede oscilar entre los 700 °C y los 1,250 °C (aproximadamente 1,200 °F–2,200 °F).

3. **Comenta** Con un compañero, vuelve a mirar la foto de arriba. Este científico depende de varias herramientas diseñadas para hacer su investigación. ¿Cuál podría ser el propósito de algunas de ellas?

Los científicos usan herramientas diseñadas para explorar el mundo natural

Los descubrimientos científicos mejoran nuestra comprensión del mundo que nos rodea. Los científicos suelen usar herramientas diseñadas, como computadoras y aparatos de medición, para hacer investigaciones. Estas herramientas "extienden" nuestros sentidos y habilidades. Nos permiten percibir y procesar sucesos que de otra manera serían invisibles para nosotros. Por ejemplo, los telescopios nos permiten ver fenómenos que están fuera del alcance del ojo humano. Las computadoras pueden hacer rápidamente cálculos que al cerebro humano le tomarían mucho más tiempo.

Muchos de los fenómenos naturales de la Tierra son difíciles de observar de manera directa. Los ingenieros pueden diseñar materiales y sistemas que facilitan la investigación científica. Por ejemplo, ciertos vehículos, los aparatos de respiración y una vestimenta especial les permiten a los científicos permanecer bajo el agua para estudiar la vida acuática. Los satélites recolectan imágenes y otros datos desde grandes alturas sobre la superficie de la Tierra. Los microscopios visualizan objetos que son demasiado pequeños como para que los pueda ver el ojo humano. Avances en la ingeniería como estos han cambiado enormemente la exploración científica.

Los científicos dependen de la tecnología

La tecnología está en todos lados. Es necesaria en las escuelas, los hogares, las tiendas y las comunidades. Todos dependemos de la tecnología. En las investigaciones científicas se usan muchas herramientas.

Los objetos de vidrio tienen muchos usos en el laboratorio. La fabricación de vidrio es una tecnología muy antigua. Los primeros ejemplos de vidrio datan del año 3,000 a. C.

Las balanzas digitales se usan para pesar. Las balanzas mecánicas se han usado durante varios miles de años. Las digitales empezaron a desarrollarse en las décadas de 1940 y 1950.

Los microscopios ópticos se usan para ver objetos que son demasiado pequeños como para que los pueda ver el ojo humano. Empezaron a desarrollarse en la década de 1590.

4. ¿Cuáles son los principios científicos básicos que los ingenieros que diseñaron las balanzas digitales deben haber tenido que comprender para diseñarlas? Encierra en un círculo la(s) respuesta(s) correcta(s).

A. las corrientes eléctricas

B. las propiedades físicas de los metales

C. la influencia de la fuerza gravitacional sobre los objetos

D. las propiedades físicas y químicas de los materiales que se usan para armar circuitos

5. Identifica dos herramientas del laboratorio de la clase: una que se use para medir volumen y otra que se use para observar objetos. ¿Cómo se afectaría tu capacidad de hacer las actividades de laboratorio si no contaras con estas herramientas?

Los ingenieros dependen de las ciencias

Para construir carros, los ingenieros deben conocer muy bien los principios de las ciencias y las matemáticas relacionados con los carros, tales como:

- la anatomía y la fisiología de los sistemas del cuerpo humano para diseñar interiores y exteriores seguros y cómodos.
- las fuerzas y la energía para entender los efectos de la gravedad, la fricción y las fuerzas de colisión en los carros y en los materiales de los que están hechos.
- la aerodinámica, incluyendo el empuje y la resistencia, para diseñar carrocerías elegantes y eficientes.
- la transmisión de energía por ondas para que funcionen correctamente la radio, las pantallas interactivas y el software inalámbrico.

Los ingenieros usan las ciencias para resolver problemas prácticos

Antes de desarrollar una solución, debe definirse con exactitud el problema. Eso puede hacerse identificando con precisión la función que debe realizar la solución. Por ejemplo, el requisito de que el diseño del claxon de un carro sea "ruidoso" no es suficientemente preciso. "Ruidoso" no es un valor cuantitativo. Pero "un claxon de 95 decibelios" es una descripción de diseño más precisa que ayudará a los ingenieros a desarrollar un producto mejor.

Imagina un equipo de ingenieros que trabaja para diseñar un carro nuevo para un fabricante de carros. El carro debe cumplir ciertos requisitos de seguridad y satisfacer las necesidades del mercado, y su fabricación no debe ser demasiado costosa. Las leyes de protección al consumidor requieren que los fabricantes hagan carros seguros para los clientes. Los ingenieros podrían hacer un carro que alcance velocidades muy altas, y a los clientes podría gustarles, pero si el diseño del carro lo vuelve peligroso, será difícil que cumpla con las leyes de protección.

Para poder evaluar diferentes diseños de carros y materiales, el equipo de diseño debe aplicar conocimientos sobre muchos principios científicos. Se ponen a prueba cualidades tales como las propiedades físicas, las propiedades químicas y la resistencia de los materiales. De esa manera, los ingenieros dependen de las ciencias para desarrollar tecnologías nuevas. Los descubrimientos que hacen los científicos también pueden inspirar a los ingenieros. Por ejemplo, la fibra de carbono fue descubierta por un científico que estaba estudiando las propiedades físicas del carbono. La fibra de carbono está hecha de largas fibras de carbono entretejidas. Es liviana, resistente y soporta altas temperaturas. Estas propiedades hacen que la fibra de carbono se pueda usar en los carros y en las partes de carros.

6. Usa el banco de palabras para completar la tabla con el tipo de problema de diseño al que hacen referencia las preguntas de abajo. Algunas preguntas pueden hacer referencia a más de un problema de diseño.

BANCO DE PALABRAS
- disponibilidad de los recursos
- ~~problemas ambientales~~
- problemas de seguridad
- costos de producción
- demandas de los consumidores

Pregunta	Problema de diseño de ingeniería
¿Cómo se puede minimizar la cantidad de contaminantes químicos que emite el carro?	problemas ambientales
¿Cómo se puede conseguir acero y otras materias primas al mejor precio?	
¿Cómo soportan las colisiones las diferentes partes del carro?	
¿Cómo se puede agregar al diseño del carro una conexión inalámbrica confiable?	

Resuelve un problema de almacenamiento de alimentos

El proceso de enlatado moderno se desarrolló a principios del siglo XIX como un modo seguro de preservar, almacenar y transportar alimentos, mientras a la vez se minimizaban los desperdicios. El proceso de enlatado se desarrolló originalmente para alimentar a un ejército, pero rápidamente se adaptó para fines no militares. Preservar alimentos de una forma que minimizara la cantidad de microbios dañinos en ellos, que conservara relativamente su sabor y que los hiciera fáciles de almacenar y transportar era una necesidad que también tenía la sociedad, y la comida enlatada fue la respuesta. La comida enlatada se conserva fresca por mucho más tiempo que los alimentos frescos. Antes de que la refrigeración fuera algo común, había una gran demanda de comida enlatada para poder almacenar alimentos en casa. El proceso de enlatado moderno es posible debido a la aplicación de conocimientos de distintas ciencias como la biología, la química y la física a un problema de la vida real. Las latas también crearon la necesidad de otro producto de la ingeniería: ¡el abrelatas!

La tecnología del enlatado tiene muchas partes.

1. Sellar las latas para que sean herméticas
2. Hacer que las latas sean lo suficientemente fuertes como para poder soportar golpes
3. Calentar los alimentos a temperaturas lo suficientemente altas para matar microbios dañinos
4. Asegurar que el material del que está hecho la lata no se disuelva en el alimento
5. Diseñar la tapa y el fondo de las latas de tal modo que sea fácil apilarlas

7. Muchos diseños de latas modernos incluyen una anilla que permite sacar la tapa en lugar de tener que usar un abrelatas. ¿Qué necesidad habrá producido un cambio como ese en el diseño?

Analizar las influencias en la tecnología

La tecnología sirve para que las personas puedan satisfacer sus necesidades, como la alimentación, la vivienda y la vestimenta. Las formas en que nos comunicamos, jugamos y nos movemos de un lugar a otro también las determina la tecnología. La bicicleta es un ejemplo de una tecnología que ha cambiado con el tiempo por varias razones. Muchos cambios en el diseño de las bicicletas surgieron por problemas de seguridad, búsquedas de simplicidad o las demandas y necesidades de la sociedad. Por ejemplo, cambios como la creciente independencia de las mujeres llevaron al desarrollo de las "bicicletas seguras". Estas bicicletas estaban diseñadas para ser más seguras y fáciles de usar que los velocípedos de ruedas grandes. El aumento de la popularidad de las bicicletas seguras provocó una "fiebre de la bicicleta" en la década de 1890.

Influencias en el diseño de las bicicletas

Las bicicletas actuales son el resultado de muchos cambios a lo largo del tiempo. Cada cambio de diseño resolvió un problema de los diseños anteriores.

1817

Las primeras bicicletas, como la draisiana, estaban hechas de madera y no tenían pedales, frenos, cadena ni asientos ajustables. Estaban diseñadas para que el usuario las impulsara empujando los pies contra el suelo.

Década de 1890

Los problemas de seguridad de los complicados velocípedos llevaron al desarrollo de las bicicletas seguras. Estas bicicletas tenían cadenas, engranajes, frenos y neumáticos inflables, lo que permitía conducir y pedalear con mayor facilidad y comodidad.

Décadas de 1960 y 1970

El creciente interés por el ejercicio influyó en el diseño de las bicicletas de carrera, las bicicletas de cross, las bicicletas de montaña y las bicicletas de calle.

Década de 1870

El velocípedo tenía una rueda frontal grande y una rueda trasera pequeña que se movían cuando el usuario empujaba los pedales que estaban unidos directamente a la gran rueda frontal. La altura del asiento de la bicicleta estaba muy por encima del suelo. La bicicleta no tenía frenos. Era difícil conducir y pedalear, y también era difícil mantener el equilibrio. Los ciclistas a menudo se caían y se lastimaban.

En la actualidad

La tecnología de los materiales ha avanzado tanto que algunas bicicletas están hechas de madera y bambú: ¡los mismos materiales que se usaban en los modelos más antiguos!

8. En 1887, el veterinario escocés John Boyd Dunlop diseñó un neumático de bicicleta inflable luego de que su hijo tuviera dificultades para aprender a andar en un triciclo con neumáticos de caucho. Este es un ejemplo de una tecnología inspirada por una necesidad social / individual .

El conocimiento científico influye en la tecnología

Los descubrimientos científicos han dado lugar a nuevos tipos de tecnología. Un buen ejemplo actual es el desarrollo de la tecnología de las computadoras. La informática avanzó rápidamente durante el siglo XX. Los avances se deben a un mayor conocimiento científico de elementos como los circuitos eléctricos y de las propiedades físicas de materiales llamados semiconductores. Los componentes que se usan para controlar el flujo de corriente eléctrica en las computadoras ahora son mucho más pequeños y eficientes que los componentes grandes que se usaban en las primeras computadoras. Con el tiempo las computadoras se volvieron más pequeñas, rápidas y eficientes, debido a que sus componentes se volvieron también más pequeños, rápidos y eficientes. Las computadoras actuales procesan datos más rápidamente y pueden compartir datos más fácilmente que las computadoras antiguas.

Las primeras computadoras, como la UNIVAC 1103, eran muy grandes y costosas. A menudo eran del tamaño de una habitación. En general, el gobierno y el ejército las usaban para hacer cálculos complejos con grandes cantidades de datos.

Las computadoras modernas son miles de veces más rápidas y tienen mucha más memoria que las primeras computadoras hogareñas. A pesar de que la Internet se desarrolló para los científicos, actualmente las personas la usan para sus actividades diarias.

9. Escribe una influencia positiva y una influencia negativa que las computadoras tienen en la sociedad.

10. Escribe ¿Qué pasaría si todos los objetos tecnológicos que tienes a tu alrededor desaparecieran?

El medio ambiente influye en la tecnología

La disponibilidad de recursos naturales influye en la tecnología. Por ejemplo, la fabricación de artículos electrónicos depende de la disponibilidad de elementos como el neodimio, el aluminio y la plata. Algunos de esos recursos solo se encuentran en unos pocos lugares del mundo. La explotación minera de esos recursos tiene muchas consecuencias sociales, económicas y ambientales. Algunas de ellas son negativas. Algunos ingenieros y científicos están buscando formas más seguras de extraer los minerales. También investigan el uso de otros materiales y el reciclaje de materiales para usarlos en aparatos electrónicos y otras tecnologías.

La sociedad influye en la tecnología

La tecnología está en todas partes. Es una parte importante de la vida moderna. Los seres humanos han buscado soluciones de ingeniería para los problemas prácticos durante mucho tiempo. Las formas más antiguas de tecnología, como hacer fuego, lanzas, herramientas cortantes y vestimenta, ayudaron a las personas a juntar alimentos de manera eficiente y a mantenerse abrigados. Las necesidades básicas de alimentación, vivienda, seguridad y calor influyeron en el desarrollo de muchas tecnologías, y lo hacen aún hoy.

Algunas tecnologías modernas, como las comidas rápidas, se siguen desarrollando debido al interés o deseo de los consumidores más que debido a sus necesidades. La demanda de los consumidores para ver películas en sus teléfonos ha llevado al diseño de teléfonos con pantallas más grandes y al desarrollo de servicios más rápidos de transmisión en línea. Muchas otras tecnologías se desarrollaron como respuesta a los cambios en las actitudes y las normas culturales.

Por ejemplo, la conciencia social acerca de las necesidades de las personas con capacidades diferentes ha crecido con el tiempo. Las leyes actuales exigen que las escuelas, el transporte público y los espacios habitables sean accesibles para personas que usan sillas de ruedas y otros aparatos de asistencia. Esos requisitos han llevado al desarrollo de distintas tecnologías de asistencia, como ascensores de sillas, bancos para duchas y audífonos.

Las leyes que regulan la explotación minera y el procesamiento de materiales pueden influir en la tecnología. Las leyes ambientales como la Ley de aire limpio y la Ley de agua limpia limitan los niveles de contaminación que pueden producirse durante los procesos de fabricación. Las leyes de seguridad y salud limitan la exposición de los empleados a las condiciones peligrosas que puedan producirse durante los procesos de extracción o fabricación.

La demanda de los consumidores de más entretenimiento interactivo ha influido en el tamaño de las pantallas de televisión y en el desarrollo de la tecnología de televisión inteligente.

Solían instalarse calentadores a gas sin ventilación en los hogares nuevos. Con el tiempo, se prohibieron en la mayoría de los estados de los EE. UU. debido al riesgo de envenenamiento por monóxido de carbono.

Los baños interiores solían ser un lujo. Antes del comienzo del siglo xx, en general los hogares no tenían baño. Las personas usaban baños exteriores que estaban en pequeños cobertizos, llamados "letrinas".

11. En la década de 1970, la Agencia de Protección Ambiental de los EE. UU. puso un límite a la emisión de gases de los vehículos dado que la contaminación proveniente de los gases de escape de dichos vehículos se vinculó con enfermedades humanas. Como resultado, los fabricantes de carros tuvieron que desarrollar tecnologías que redujeran los contaminantes en los gases de escape de los vehículos. ¿Qué límite a la tecnología representa esta situación? Marca todas las opciones correctas.

A. un cambio social que produjo un cambio natural

B. una nueva tecnología basada en un principio científico

C. un cambio de la ley que hizo que la sociedad limitara la tecnología

D. un cambio tecnológico que produjo un descubrimiento científico

CUADERNO DE EVIDENCIAS

12. Los mosquiteros suelen usarse en lugares como África y América del Sur donde hay mosquitos que transmiten enfermedades graves. Algunas especies de mosquito que transmiten enfermedades como el dengue se están propagando hacia climas más fríos en el norte. ¿Los mosquiteros son una herramienta útil para proteger a las personas en lugares más fríos? Anota las evidencias.

Artes del lenguaje

Identifica influencias en la tecnología

El transporte es una parte vital de la vida moderna. Pero satisfacer las necesidades de transporte de una comunidad puede ser difícil. Los paisajes extremos, los terrenos accidentados y la necesidad de preservar ecosistemas delicados son parte de ese desafío. Los puentes, las autopistas y las carreteras son sistemas de transporte que requieren una ingeniería cuidadosa. Estas tecnologías deben satisfacer complejas necesidades ambientales, físicas y sociales, desde minimizar los daños al medio ambiente hasta maximizar la seguridad de los usuarios de las carreteras. Los ingenieros civiles que diseñan carreteras deben considerar factores como la disponibilidad de materiales, la seguridad de los conductores y los efectos de las estructuras y el sistema de carreteras en la vida silvestre.

El desarrollo de diferentes tecnologías ha influido en el diseño de las carreteras a lo largo del tiempo. Las bicicletas, el asfalto, el concreto, el acero, los carros, los mercados en expansión y las leyes han influido en el diseño de las carreteras de formas diferentes.

Muchas ciudades estadounidenses solían estar conectadas por carreteras de tierra. Estas carreteras, diseñadas originalmente para que las personas se desplazaran a pie, a caballo o en diligencias, eran fáciles de construir y de mantener, pero rápidamente podían volverse irregulares, fangosas o peligrosas.

Las autopistas permiten que miles de millones de vehículos atraviesen grandes distancias. Los sistemas de autopistas modernos también son grandes logros de la ingeniería civil. El sistema de autopistas de los EE. UU. fue uno de los más grandes proyectos de ingeniería que se hayan construido jamás en el país.

13. Varios factores sociales, científicos y ambientales han afectado la tecnología de las carreteras a lo largo de la historia. Según tu investigación, ¿cuál de esos factores es probable que haya tenido la mayor influencia? Incluye evidencias, a partir de lo que has leído en esta lección, para justificar tu afirmación.

EXPLORACIÓN 3

Evaluar el impacto de la tecnología en el medio ambiente

Piensa en los materiales que se necesitan para fabricar computadoras y alimentos envasados. Todas las materias primas para esas tecnologías se obtienen de la Tierra. Las materias primas se renuevan con el tiempo a través de procesos naturales. Algunos materiales, como los minerales, tardan mucho tiempo en renovarse; mucho más de lo que dura una vida humana. En comparación, los recursos que provienen de las plantas y los animales se renuevan con mayor rapidez en meses o años.

Muchos de los alimentos que consumes son producto de la tecnología. Por ejemplo, el trigo se usa para hacer harina. Luego de que se cultiva el trigo, se cosecha, se transporta y se procesa con maquinaria. La tecnología que hace más eficiente la producción y el transporte de alimentos también puede cambiar el medio ambiente. Estos cambios pueden tener efectos positivos o negativos en las personas y en el medio ambiente.

Los productos de la panificación se hacen con ingredientes que se obtienen de la Tierra. La harina, el agua, los huevos, la levadura y la leche se obtienen o se procesan a partir de recursos naturales.

14. ¿Recolectar los recursos necesarios para hacer pan tiene efectos a corto o largo plazo en el medio ambiente? Explica tu respuesta.

La tecnología usa recursos naturales

Los recursos naturales son materiales naturales que usan los humanos, tales como el agua, los minerales y las plantas. Hay algunos recursos naturales que pueden hallarse en toda la Tierra, y otros que solo se hallan en lugares específicos.

Los recursos naturales se obtienen de la Tierra en forma de materia prima y se procesan para hacer muchas herramientas y objetos. Tomar recursos de la Tierra puede afectar al medio ambiente. Por ejemplo, la madera es un material que se usa en muchos productos diseñados por medio de la de ingeniería. Pero talar bosques para obtener la madera de los árboles destruye los hábitats de plantas, animales y otros seres vivos. La extracción de los minerales que se usan en productos como los aparatos electrónicos también puede afectar al medio ambiente. La explotación minera puede acabar con hábitats, erosionar la tierra y liberar químicos que le pueden hacer daño a las personas y otros seres vivos. Sin embargo, la cosecha y la extracción de recursos también crean muchos trabajos y negocios.

Muchas de las materias primas que hay en los aparatos electrónicos, como el neodimio, se extraen de la Tierra. Antes de usarlos en productos, hay que localizar, recolectar y procesar esos materiales.

El neodimio es una tierra rara. Por sus propiedades físicas, se usa en imanes pequeños y poderosos.

15. ¿En qué se parecen la cosecha de alimentos y la explotación minera? ¿En qué se diferencian?

Áreas del mundo ricas en recursos

Hay algunos recursos que pueden hallarse en toda la Tierra. Otros solo se hallan en unos pocos lugares. Algunas regiones tienen las condiciones necesarias para plantar cultivos o árboles, mientras que otras son ricas en recursos minerales. Las condiciones del medio ambiente determinan la disponibilidad de los recursos.

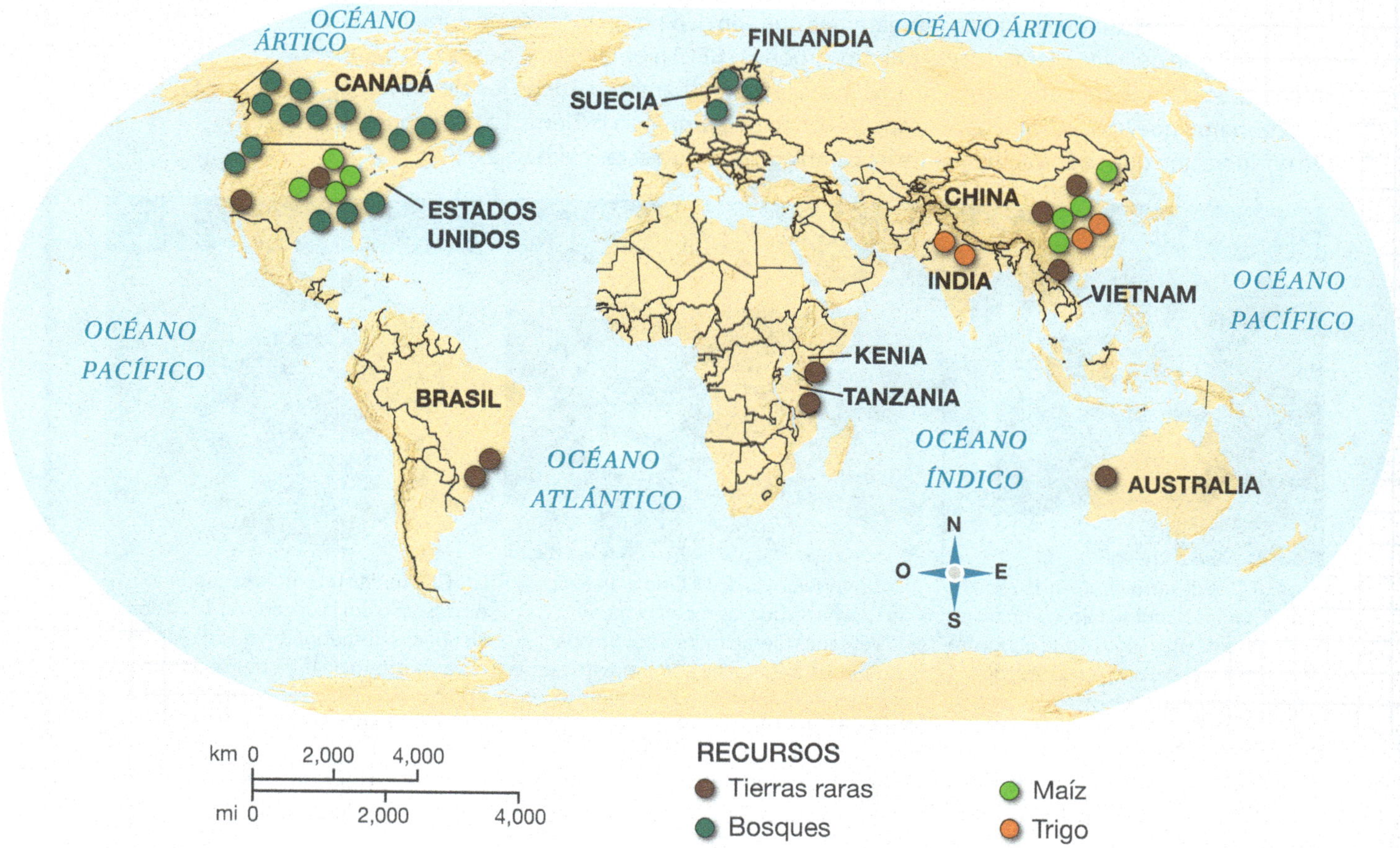

Fuente: Datos de la Organización de las Naciones Unidas para la Alimentación y la Agricultura. Informe: Crop production and natural resource use.

16. Suecia es un país del hemisferio norte con una gran cantidad de bosques. Alrededor del 70% de su superficie está cubierta por árboles. Suecia es también un importante exportador de productos de madera al mercado mundial. ¿Crees que la industria maderera sueca es el resultado de una buena disponibilidad de recursos o de la escasez de árboles en otras partes de la Tierra? Explica tu respuesta.

17. Práctica matemática En 2015 la producción mundial de trigo fue de aproximadamente 734.1 millones de toneladas. China es el país que más trigo produjo: 130.2 millones de toneladas. ¿Qué porcentaje de la cosecha mundial de trigo produjo China en 2015?

18. Los enunciados de abajo describen un impacto potencial del uso de los recursos naturales. Encierra en un círculo el término correcto para indicar si el impacto afecta al medio ambiente a corto o a largo plazo.

Se cosechan cultivos para obtener alimentos. corto plazo / largo plazo

Los métodos de obtención de recursos son ruidosos. corto plazo / largo plazo

Se acaban los recursos minerales. corto plazo / largo plazo

La tecnología se revisa a partir de evidencias

A medida que cambia el conocimiento científico, la tecnología también lo hace. En algunos casos, los ingenieros pueden adaptar tecnologías que ya existen a partir de nuevos descubrimientos. La refrigeración es un ejemplo de una tecnología que cambió con los descubrimientos científicos. Los refrigeradores antiguos usaban refrigerantes que son dañinos para los seres humanos. Una nueva clase de químicos llamados clorofluorocarbonos (CFC) reemplazaron a esos refrigerantes dañinos. Los CFC fueron una mejora no tóxica a la tecnología anterior. Luego los científicos descubrieron que los CFC dañaban la capa de ozono que protege a la Tierra. La tecnología de refrigeración que se usa actualmente ha cambiado debido a estas evidencias.

Breve historia de los clorofluorocarbonos (CFC)

Los CFC se desarrollaron en 1928 por Thomas Midgley, hijo, como un refrigerante más seguro que el cloruro de metilo y el dióxido de azufre, que eran muy tóxicos.

Los refrigerantes de CFC no eran tóxicos, lo que hacía que las reparaciones y los escapes fueran menos peligrosos. Cuando el sistema de enfriamiento perdía refrigerante, había que reemplazarlo, como se muestra en la foto.

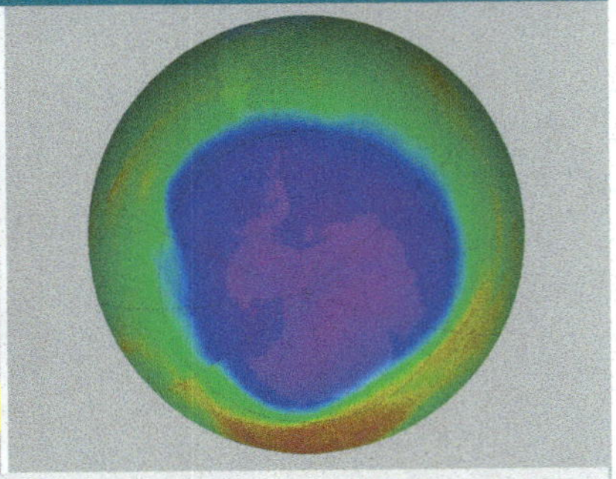

Los CFC tenían un efecto secundario no deseado. En la década de 1970, los científicos descubrieron que dañaban la capa de ozono de la Tierra. Se prohibió el uso de los CFC y se comenzaron a desarrollar alternativas a ellos.

19. El uso de los CFC fue una respuesta al daño provocado por los refrigerantes antiguos. ¿Cuáles fueron algunos de los efectos buscados y reales del uso de CFC? Escribe las respuestas a continuación.

	Personas	Medio ambiente
Efectos buscados		
Efectos reales		

Analiza la disponibilidad de recursos

Las tierras raras neodimio y europio son necesarias para fabricar aparatos electrónicos. Solo se pueden hallar en unos pocos lugares de la Tierra y su extracción puede ser costosa. Así que reciclar esos elementos a partir de aparatos viejos puede reducir el costo de fabricar nuevos aparatos electrónicos.

Los aparatos electrónicos viejos se pueden procesar para reciclar los materiales costosos que tienen adentro.

20. ¿Cuáles pudiesen ser otros beneficios de reciclar estos elementos?

Evaluar el impacto de la tecnología en la sociedad

La tecnología y la sociedad influyen la una sobre la otra

El desarrollo de una tecnología no garantiza que su uso sea extendido. Los valores de una comunidad y las condiciones ambientales son importantes para determinar qué tecnologías se desarrollan y se usan. Como se muestra abajo, para identificar el efecto de una tecnología sobre la sociedad es necesario entender los factores sociales y ambientales.

Infraestructura del suministro de agua

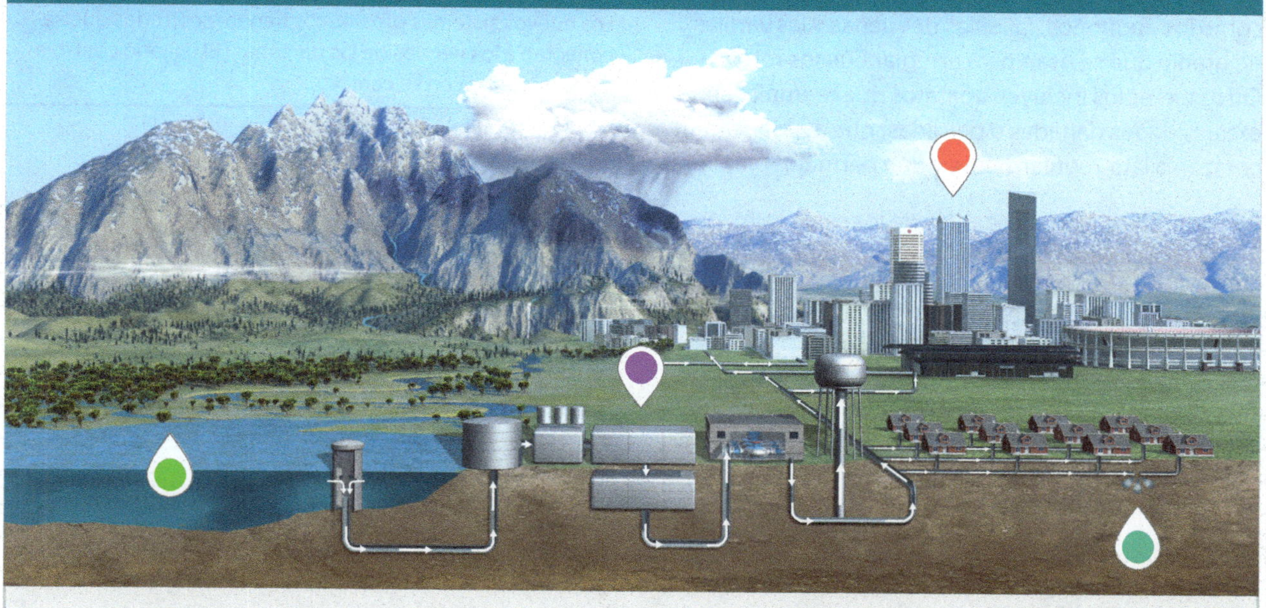

Los procesos para suministrarle agua a una comunidad pueden diferir según la abundancia y la calidad del agua en la región.

Los miembros de una comunidad pueden tener expectativas diferentes acerca del agua que se le suministra a sus hogares. ¿Es segura? ¿Está libre de organismos dañinos? ¿Tiene aditivos dañinos? Esas expectativas pueden cambiar con el tiempo, o ser distintas para cada persona.

Los pueblos y las ciudades con climas secos o calurosos pueden necesitar más agua que aquellos con climas húmedos y lluviosos. Por ejemplo, en los climas secos se puede necesitar más agua para los cultivos y los jardines.

El costo de reparar o reemplazar una red de suministro de agua ya existente es un factor importante para que los residentes puedan mantener su acceso a agua limpia. Ninguna tecnología es útil para una comunidad que no puede comprarla, mantenerla o repararla.

21. ¿Cómo crees que influye el clima sobre el sistema de distribución de agua?

A. Si el área tiene un clima seco, los recursos de agua probablemente sean limitados o haya que traerlos desde lejos.

B. Si el área tiene un clima seco, las personas necesitarán menos agua.

C. Si el área tiene un clima seco, la comunidad no puede pagar el costo de reemplazar tuberías agrietadas u oxidadas.

D. Si el área tiene un clima seco, las personas de la comunidad se preocupan más por la contaminación del suministro de agua.

La tecnología puede mejorar la calidad de vida

La tecnología ayuda a las personas a hacer sus tareas cotidianas. La tecnología permite que las personas viajen por tierra, aire y agua, y se comuniquen entre sí en todo el mundo. La tecnología médica ha logrado que muchas enfermedades sean fáciles de controlar o curar. En el pasado, había tratamientos como el control de la diabetes con medicamentos que se creían imposibles, y los trasplantes de órganos eran tecnologías experimentales. Hoy en día, ambos son habituales.

La tecnología de asistencia y adaptación es muy importante para ayudar a las personas en su vida cotidiana. Este tipo de tecnología incluye dispositivos como los audífonos, las sillas de ruedas y las varillas de titanio que se usan para arreglar huesos rotos. Otros ejemplos incluyen aparatos que reemplazan extremidades dañadas o perdidas, que ayudan al corazón a latir regularmente y que permiten mejorar la visión borrosa.

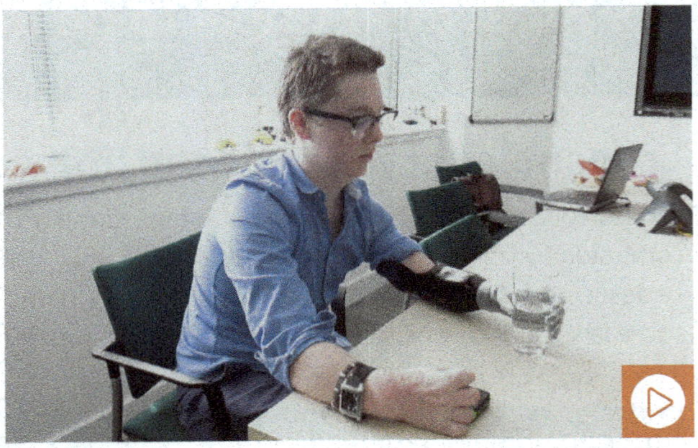

Los nuevos sistemas prostéticos tienen electrodos que se conectan a los nervios de las personas. El usuario controla estos aparatos con su cerebro.

22. Identifica las necesidades de los seres humanos que atienden las tecnologías que aparecen en la tabla.

Tecnología	Problema que se debe resolver
audífono	
silla de ruedas	
lentes	
medicamentos	

23. Menciona dos ventajas que podría tener un moderno aparato prostético electrónico sobre uno más antiguo y no electrónico.

CUADERNO DE EVIDENCIAS

24. Los mosquiteros suelen usarse en los países en vías de desarrollo. No son costosos y en general se distribuyen de forma gratuita. ¿Qué necesidades sociales requerirían que la fabricación o la compra de un instrumento fuese poco costosa? Anota las evidencias.

Práctica de laboratorio

Investiga una tecnología que esté inspirada en la naturaleza

Investigarás un problema de diseño que se resolvió con una solución inspirada en la naturaleza. Luego, identificarás una necesidad que se pueda resolver con una solución inspirada en la naturaleza.

La *biomímesis* es el diseño y uso de instrumentos o soluciones que copian estructuras o procesos naturales. Por ejemplo, en 1941 George de Mestral, un ingeniero suizo, observó que los erizos se pegaban al pelaje de su perro y a su ropa. De Mestral tenía mucha curiosidad por saber qué los hacía tan "pegajosos". Observó a los erizos con un microscopio. Lo que vio lo inspiró para inventar un cierre de gancho y bucle al que llamó velcro. En esta investigación, observarás la estructura de los erizos para ver cómo influye en su función y cómo inspiró la creación de un invento tan útil.

Las bardanas producen un fruto llamado erizo, que tiene semillas. Los erizos están cubiertos por pequeños ganchos que se pegan a la piel de los animales, lo que los ayuda a dispersar las semillas.

MATERIALES

- piel de animal artificial
- fruto de la bardana (erizo)
- cierre de velcro
- lupa

Procedimiento

PASO 1 Consigue un erizo y un trozo de piel de animal artificial. Túrnense para observar cómo el erizo se pega a la piel artificial.

PASO 2 Observa el erizo y la piel artificial con una lupa. Describe su estructura en la primera columna de la tabla.

	Estructura	Función
Erizo y piel artificial		
Cierre de velcro		

PASO 3 En la segunda columna de la tabla, describe cómo la estructura del erizo influye en su función.

PASO 4 Observa el cierre de velcro con la lupa como hiciste antes.

PASO 5 Identifica una necesidad diferente que se pueda resolver con una solución inspirada en la naturaleza.

Análisis

PASO 6 ¿Qué características del objeto o proceso que elegiste hacen que sea el adecuado para resolver el problema o la necesidad que identificaste?

Analiza el impacto de una tecnología en la sociedad

Algunos tipos de tecnología tienen más impacto en la sociedad que otros. La agricultura es un área en la que los avances tecnológicos han tenido efectos muy importantes. Las tecnologías de la agricultura han aumentado la cantidad de alimentos que se pueden producir por acre. Cultivar la misma cantidad de alimentos, pero en menos espacio, significa que habrá que perturbar menos hábitats para crear las tierras de cultivo necesarias para alimentar a una población humana en aumento. Las tierras que se cultivan actualmente son mucho más productivas de lo que eran. Esto se debe a mejoras en cosas como la producción de plantas, la preparación del suelo, la cosecha, el almacenamiento y el transporte.

Área cosechada y producción mundial de trigo de 1961 a 2014

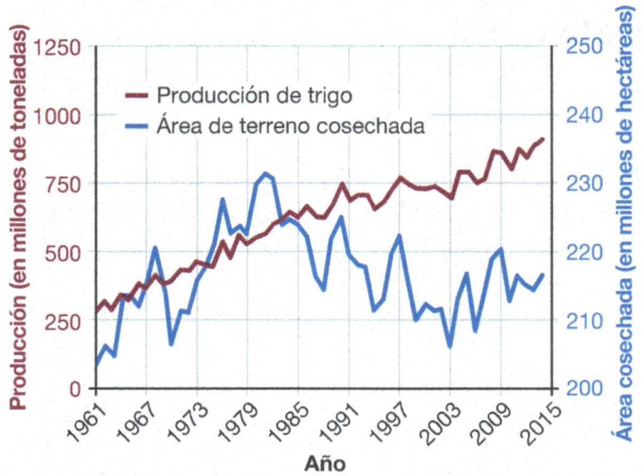

Crédito: Adapted from Global wheat production, 1961-2014 from http://www.fao.org/faostat/en/#data/QC. Copyright © 2017 by Food and Agriculture Organization of the United Nations. Adapted and reproduced by permission of Food and Agriculture Organization of the United Nations.

25. De 1979 a 2014, la cantidad de trigo que se cosechó en el mundo disminuyó / aumentó / se mantuvo relativamente constante, mientras que el uso de tierras disminuyó / aumentó / se mantuvo relativamente constante.

26. Se estima que la población humana aumentará por mil millones de personas para el 2044. ¿De qué manera se afectará la necesidad de la ingeniería agrícola cuando haya una mayor demanda de recursos?

Sigue explorando

Nombre: **Fecha:**

Fíjate en esta opción o conéctate y elige alguna de estas opciones.

Diseñar una fila para almorzar eficiente

- **Prácticas de laboratorio**
- **Profesiones de la ingeniería**
- **Busca una opción para ti**

Conéctate y elige alguna de estas opciones.

En muchas situaciones, la solución de un problema de ingeniería no es un objeto ni un instrumento, sino un proceso o un sistema. Por ejemplo, piensa en la fila del almuerzo de un comedor. La fila del almuerzo de la escuela es un proceso diseñado para servirle comida a cientos de personas en un período de tiempo relativamente corto.

Examina las necesidades que se deben satisfacer

Esto probablemente te resulte familiar: el comedor de la escuela. ¿Has pensado alguna vez acerca de todos los pasos que involucra preparar y servir los almuerzos escolares cada día de clases? Los alimentos se deben transportar, preparar, cocinar y servir. Los ingredientes se deben controlar para garantizar su frescura y contenido nutricional. ¡Y además la comida debe ser rica!

Define el problema

Imagina que te han pedido que diseñes una mejora para el comedor de tu escuela. Piensa en el comedor como si fuera un sistema. Piensa en las personas, procesos y tecnologías clave que hacen que funcione sin problemas. Luego, piensa como lo haría un ingeniero y haz preguntas específicas para identificar el problema que tu solución resolverá.

Sigue explorando

Cómo desarrollar soluciones haciendo preguntas primero

Hacer preguntas muy específicas acerca del problema que estés intentando resolver te servirá para identificar el problema. Identificar el problema con precisión te servirá para idear más y mejores soluciones. Hacer preguntas también te servirá para identificar los factores importantes y no importantes del problema. Por ejemplo, preguntar "¿Cuántas personas usan el comedor cada día?", "¿Cuáles son las comidas y alimentos más solicitados?" o "¿Cuánto hay que esperar por la comida en promedio en los días más concurridos?" te servirá para identificar problemas posibles que puedes resolver.

1. ¿Cuáles son las necesidades que una fila lenta o demasiado concurrida no logra satisfacer?

2. Identifica a las personas, procesos y tecnologías que juegan un rol en el problema que identificaste.

3. Identifica un factor que es poco probable que influya en el tiempo que las personas esperan en la fila del almuerzo.

4. **Colaborar** Servirle comidas frescas y nutritivas a cientos de personas todos los días en un comedor es un desafío de diseño. ¿Cómo podrían afectarse entre sí la ciencia de la nutrición y la ingeniería?

¿Puedes explicarlo?

Nombre: **Fecha:**

¿Qué necesidades influyeron en el desarrollo de los mosquiteros?

CUADERNO DE EVIDENCIAS

Consulta las anotaciones de tu Cuaderno de evidencias para dar una explicación de cómo la sociedad y la tecnología influyen una sobre la otra.

1. Haz una afirmación. Asegúrate de que tu afirmación explique cómo las necesidades de la sociedad pueden influir en el desarrollo de una tecnología.

2. Resume las evidencias que reuniste para justificar lo que descubriste y explicar tu razonamiento.

Ejercicios de revisión

Responde las siguientes preguntas para comprobar si entendiste bien la lección.

Observa la fotografía y responde las Preguntas 3 y 4.

3. ¿Qué tipo de necesidad resuelve la tecnología simple que se muestra en la fotografía?

A. medir la distancia caminada

B. brindar estabilidad al caminar

C. prevenir la erosión del sendero

D. establecer en qué dirección se dirigen las personas que caminan

4. Un impacto positivo / negativo que esta tecnología podría tener en la sociedad es que hace que sea más fácil/ más difícil para las personas ejercitarse en caminatas al aire libre.

Observa el diagrama y responde las Preguntas 5 y 6.

5. ¿Qué impacto(s) negativo(s) en el medio ambiente podría(n) producirse durante la construcción de esta infraestructura para el agua?

A. la liberación de contaminantes en el agua

B. un aumento de la precipitación en las montañas

C. la expansión del suministro de agua que va río abajo

6. ¿Qué impacto(s) positivo tendrá la construcción de esta infraestructura para el agua en el pueblo para el que esta se construye? Elige todas las respuestas correctas.

A. proveer un suministro de agua limpio y confiable

B. disminuir la precipitación en las montañas

C. crear más trabajos para los habitantes del pueblo

D. evitar que el río provoque inundaciones

7. Otro ejemplo de tecnología es el cepillo de dientes. ¿Cuáles de los siguientes criterios son importantes para elegir el material más adecuado para las cerdas? Elige todas las respuestas correctas.

A. El material viene en colores que están de moda.

B. El material es flexible y puede soportar el desgaste.

C. El material puede soportar mucho peso.

D. El material no es tóxico.

8. ¿Cuál de las siguientes opciones es una forma de tecnología?

A. el palillo de una paleta

B. el parque de una ciudad

C. un sistema de transporte público

D. un televisor

Repaso interactivo

Completa la guía de estudio interactiva para repasar la lección.

La vida moderna depende mucho de la tecnología. Sin herramientas diseñadas, los científicos no podrían hacer investigaciones.

A. Explica cómo se relacionan la ingeniería y las ciencias.

Ciertos factores como los descubrimientos científicos, los valores culturales y las condiciones económicas influyen en el uso de la tecnología.

B. Identifica de qué manera los descubrimientos científicos pudiesen influir en el desarrollo y el uso de una tecnología.

La tecnología tiene impactos en el medio ambiente y en las personas.

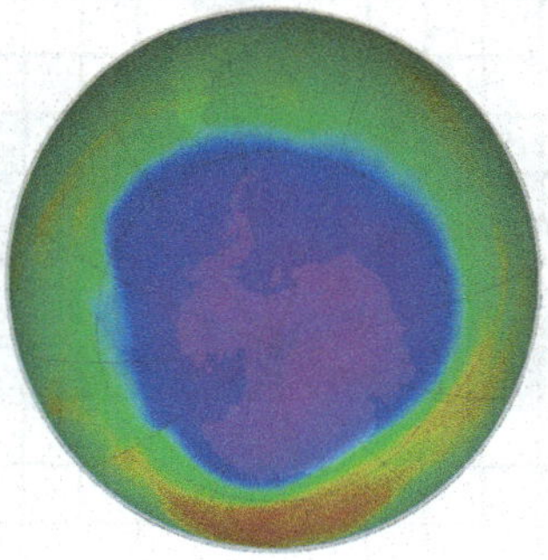

C. ¿Qué ejemplo puedes dar del impacto que el uso de algún recurso natural ha tenido sobre la Tierra?

Las tecnologías de pequeña y gran escala pueden mejorar la calidad de vida.

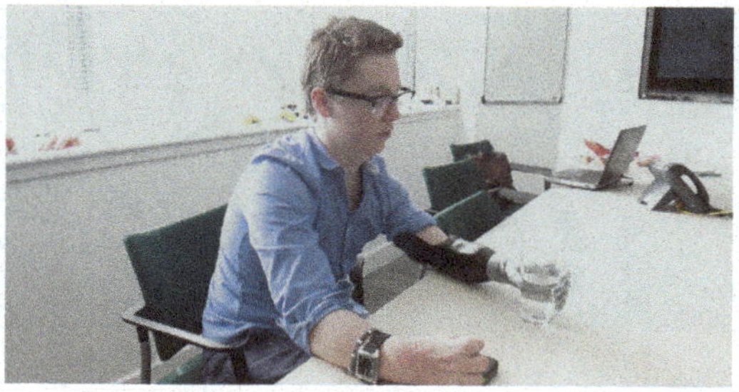

D. Da un ejemplo de cómo una industria de gran escala que usa la tecnología, como la agricultura, ha beneficiado a la sociedad.

LECCIÓN 2

Sistemas y modelos de sistemas

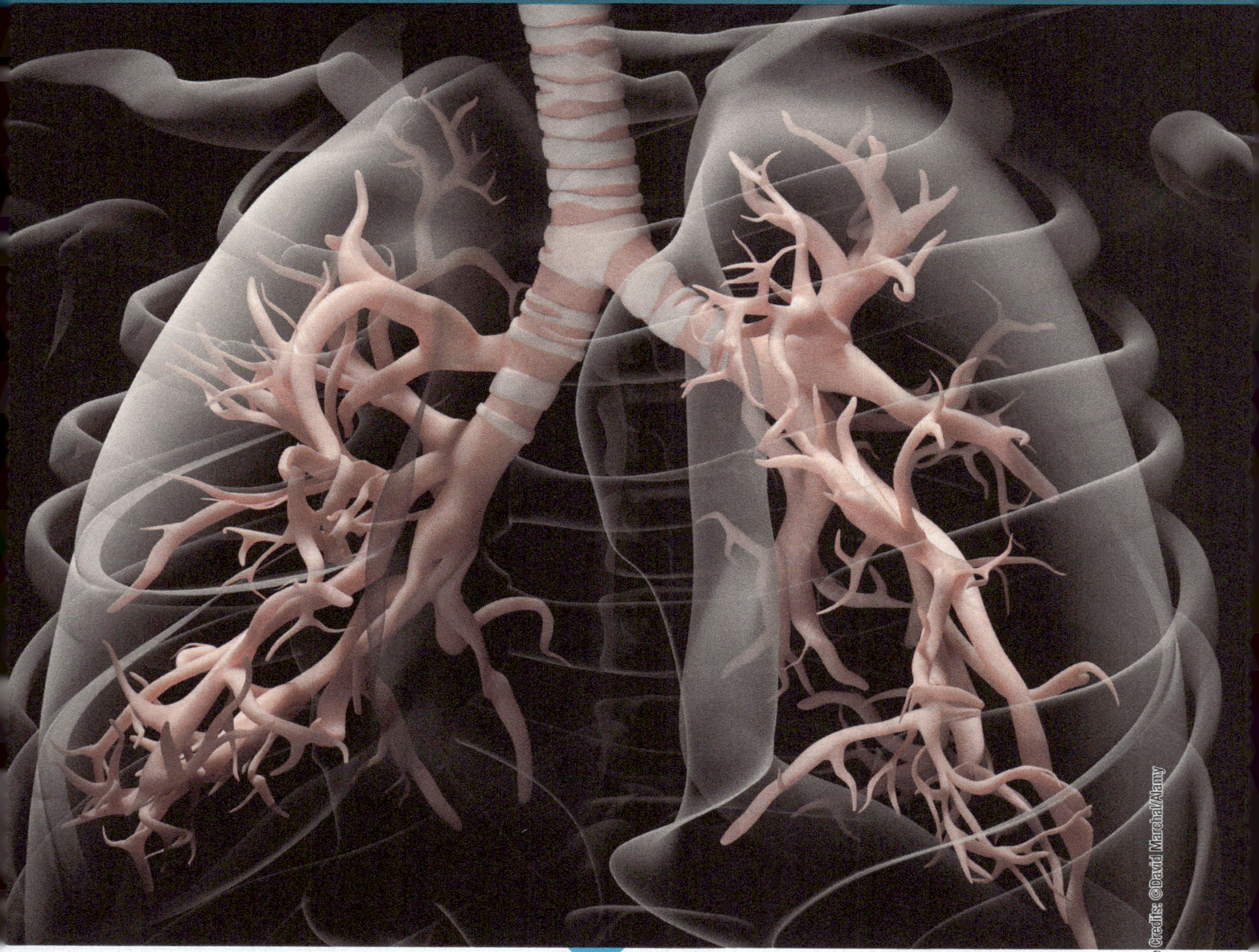

Los modelos informáticos ayudan a los científicos e ingenieros a entender cómo funcionan los sistemas, como el sistema respiratorio, y cómo se ven afectados por cambios en sus diferentes partes.

Al final de esta lección...

podrás describir sistemas naturales y de ingeniería e identificar el papel que cumplen los modelos de sistemas en la ingeniería y las ciencias.

Conéctate para ver la versión digital de la Práctica de laboratorio de esta lección y descargar recursos adicionales.

¿PUEDES EXPLICARLO?

¿Cómo se puede diseñar un modelo del tiempo para pronosticar el trayecto y la fuerza de una tormenta?

Los científicos hacen un modelo del movimiento de las masas de aire y pronostican sucesos meteorológicos mediante la comprensión del tiempo como sistema natural. Los informes meteorológicos se basan en modelos desarrollados por científicos e ingenieros.

Aprende EN LÍNEA

1. Los meteorólogos reúnen grandes cantidades de datos sobre sistemas meteorológicos para hacer modelos del tiempo. ¿Por qué esos modelos pueden ser útiles para el público en general?

2. ¿Cómo se vería afectada la capacidad de los científicos para pronosticar sucesos meteorológicos, como tormentas, si no pudieran crear modelos de esos sistemas?

CUADERNO DE EVIDENCIAS Mientras trabajas con la lección, reúne evidencias para explicar cómo los de modelos de sistemas pueden ayudar a los ingenieros a desarrollar soluciones.

EXPLORACIÓN 1

Definir un sistema

Un sistema de videojuegos incluye controles de juego con gráficos informáticos y sonido. El sistema inmunológico ayuda a tu cuerpo a combatir enfermedades. Pero ¿qué es un sistema? Un **sistema** es un conjunto de partes que interactúan y funcionan juntas. Algunos sistemas son naturales: existen en la naturaleza. Otros sistemas son de ingeniería o diseñados por personas. Agrupar un conjunto de partes o sucesos relacionados en un "sistema" permite a los científicos e ingenieros estudiar cómo la energía y la materia fluyen en la naturaleza. También los ayuda a estudiar la manera en que la estructura de un objeto afecta su función.

Este ecosistema en miniatura está formado por camarones rojos, algas y corales encerrados en una esfera de cristal. La salida de las algas vuelve como entrada para los camarones en lo que se llama un *bucle de retroalimentación*.

Las partes de un sistema

Todos los sistemas están formados por partes, o **componentes**, que interactúan y llevan a cabo un proceso. La materia, la energía o la información fluyen hacia dentro, por dentro o hacia fuera de los sistemas. La materia, la energía o la información que ingresa en un sistema se llama **entrada**. Lo que produce un sistema es su **salida**. Las entradas y las salidas pueden moverse a través de las fronteras de un sistema. La salida de un sistema o parte de un sistema puede ser usada como entrada para otro sistema o parte de un sistema. La *retroalimentación* se produce cuando los productos de un sistema o parte de un sistema afectan a otro sistema o parte de un sistema. Por ejemplo, mira el ecosistema en miniatura de la foto. Una entrada importante del ecosistema cerrado es la luz solar. Las algas minúsculas del agua usan la energía de la luz solar para producir su propio alimento. Las algas producen su alimento de una manera similar a las plantas, mediante la luz solar y el dióxido de carbono. Ese proceso se llama fotosíntesis. Las algas liberan oxígeno durante la fotosíntesis. Los camarones absorben el oxígeno a través de sus branquias. Los camarones también se alimentan de las algas. Los camarones producen y liberan dióxido de carbono durante la respiración. Las algas usan el dióxido de carbono. ¡Puedes ver todo eso en un pequeño sistema!

3. Las salidas de una parte de ese ecosistema pueden ser entradas para otra. ¿Cuáles son las entradas y las salidas de los procesos? Completa la tabla con términos del banco de palabras.

BANCO DE PALABRAS
- dióxido de carbono
- oxígeno
- luz solar

Entrada(s)	Proceso	Salida(s)
	respiración	
	fotosíntesis	

El aparato respiratorio

El aparato respiratorio interactúa con otros sistemas corporales. En la naturaleza no existen fronteras reales entre los sistemas. Pero es útil definir las fronteras para que los sistemas puedan estudiarse de manera aislada.

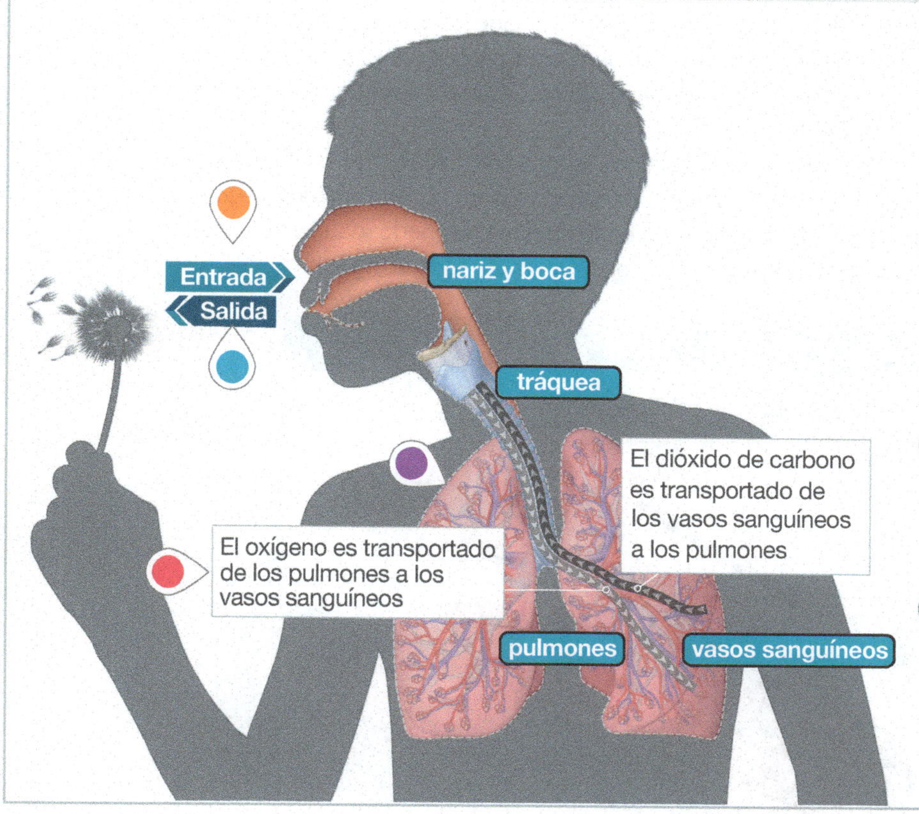

Las entradas son la materia, la energía o los datos que se incorporan a un sistema. El oxígeno en el aire es una entrada para el aparato respiratorio.

Los sistemas no siempre tienen fronteras físicas. Pero los científicos pueden identificar una frontera para distinguir el sistema durante el estudio.

Un proceso es una acción que ocurre dentro de un sistema. La respiración es un proceso que ocurre dentro del aparato respiratorio.

Las salidas son la materia, la energía o los datos que son liberados de un sistema. Cuando espiras, liberas dióxido de carbono gaseoso. El dióxido de carbono es una salida del aparato respiratorio.

Sistemas naturales

Durante una revisación, el médico puede pedirte que inspires de manera profunda y que espires mientras usa un estetoscopio para escuchar tu pecho. De esa manera, el médico revisa la salud de tus pulmones, una parte de tu aparato respiratorio. Tu aparato respiratorio te permite respirar. Lleva oxígeno a tu cuerpo. Las células de tu cuerpo usan el oxígeno para funciones celulares importantes. La nariz, la boca y los pulmones son parte de este sistema.

El aparato respiratorio es un sistema natural; existe naturalmente y no fue diseñado por el ser humano. Los sistemas naturales a menudo interactúan entre sí. No trabajan de forma aislada. Por ejemplo, el cerebro, que es parte del sistema nervioso, controla la respiración, y el oxígeno se transporta por la sangre, que es parte del sistema cardiovascular. Una **frontera** define los limites de un sistema e identifica los componentes del sistema. Las fronteras de un sistema natural son límites o barreras definidos por científicos e ingenieros para poder estudiar y hacer modelos del sistema y sus componentes.

4. A veces el aparato respiratorio y el sistema cardiovascular (el corazón y los vasos sanguíneos) se agrupan como un sistema llamado sistema cardiopulmonar. ¿Cómo puede el "reagrupamiento" de dos sistemas afectar los componentes, las fronteras y los procesos de un nuevo sistema más grande?

Sistemas de ingeniería

Un sistema de ingeniería es un sistema diseñado por personas para llevar a cabo una tarea. Los sistemas de ingeniería pueden ser tan pequeños como un circuito integrado o tan grandes como un avión jumbo. Pueden ser complejos o simples. Un sistema de esclusas y diques es un ejemplo de un gran sistema de ingeniería. Los sistemas de esclusas y diques permiten que los barcos y los buques viajen por cursos de agua que normalmente se considerarían demasiado superficiales o demasiado empinados para poder atravesarlos. Los sistemas de esclusas y diques también permiten que los buques viajen aguas arriba, contra la corriente.

El canal de Panamá en América Central conecta el océano Atlántico con el océano Pacífico. Tiene sistemas de esclusas y diques para que los grandes barcos puedan trasladarse cuesta arriba y luego cuesta abajo a través del canal. Ese sistema de ingeniería cuidadosamente diseñado reduce de manera significativa el tiempo que tarda el transporte de mercancías en buques por todo el mundo.

Un sistema simplificado de esclusas y diques

Este sistema de ingeniería ha resuelto problemas de transporte durante cientos de años.

Aprende EN LÍNEA

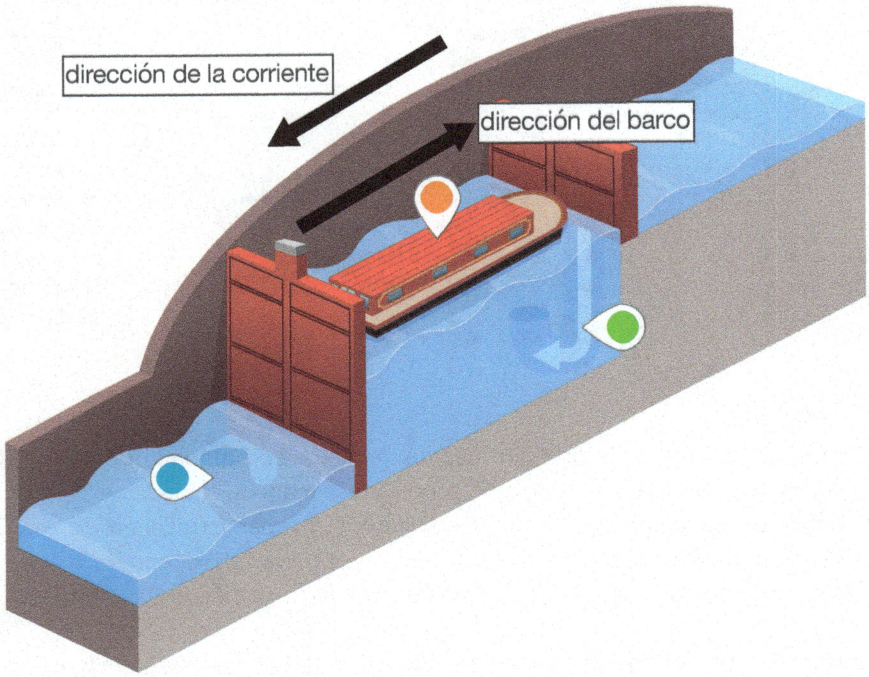

(naranja) Un barco u otra embarcación ingresa en el sistema de esclusas cuando la compuerta está abierta. Una vez que la compuerta se cierra detrás de la embarcación, se bombea agua a la esclusa a través de la válvula de llenado. Eso hace que el nivel de agua aumente.

(verde) Cuando una embarcación se traslada aguas arriba, se incorpora agua a la esclusa mediante la válvula de llenado para igualar el nivel de agua aguas arriba. Eso permite que la embarcación viaje hacia aguas arriba contra la corriente.

(azul) Las válvulas de llenado también liberan agua de una esclusa para bajar el nivel del agua. Bajar el nivel de agua en la esclusa permite que el buque se traslade aguas abajo sin problemas.

5. Completa los espacios en blanco de los siguientes enunciados con la mejor opción.

La esclusa y el dique forman ________ con ________ en el nivel más alto y el más bajo del río. El agua que se traslada a través de la esclusa comienza como ________________ y termina como ________________.

BANCO DE PALABRAS

- un sistema
- fronteras
- una salida
- una entrada

Práctica de laboratorio

Investiga los componentes, las entradas y las salidas de un sistema

Crear un sistema simplificado te servirá para identificar la relación entre componentes, entradas y salidas dentro de un sistema.

En un equipo pequeño, construye un modelo para investigar las diferentes partes de un sistema. Identificarás la manera en que un modelo como este puede ayudarte a entender los procesos dentro de sistemas que tienen más componentes y procesos.

MATERIALES

- linterna
- tijeras
- caja de zapatos
- pelota de tenis (o pelota de tamaño similar)

Procedimiento y análisis

PASO 1 Corta con cuidado dos grandes ventanas en una caja de zapatos, como se muestra en la ilustración. Tus ventanas deben estar en lados opuestos de la caja de zapatos. Las ventanas deben estar ubicadas una frente a la otra para crear una línea de visión clara entre ellas.

PASO 2 Coloca la pelota de tenis dentro de la caja de zapatos.

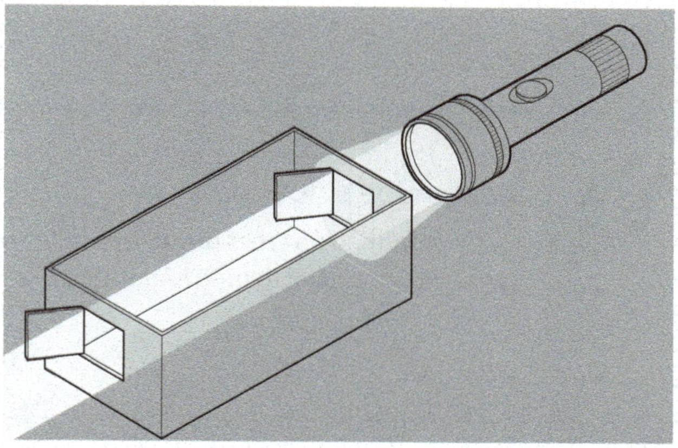

PASO 3 Con las ventanas de la caja de zapatos abiertas, enciende una linterna a través de una ventana para que la luz salga por la otra. Debes ver aparecer la luz en el lado opuesto de la caja de zapatos.

PASO 4 Experimenta con las lengüetas de las ventanas de la caja de zapatos y la pelota de tenis para determinar en qué condiciones la luz de la linterna será visible o no. Anota lo que descubriste.

PASO 5 Identifica los componentes, las entradas y las salidas de tu modelo de sistema simple. También identifica las fronteras del sistema.

PASO 6 Identifica una interacción entre dos componentes que muestre una relación de causa y efecto.

PASO 7 ¿Qué componente(s) puedes agregar a tu sistema para cambiar la entrada de luz?

CUADERNO DE EVIDENCIAS

6. ¿Qué información crees que debe tenerse en cuenta para hacer un modelo para pronosticar el tiempo? Anota las evidencias.

Artes del lenguaje

Resumir de qué manera es útil pensar en términos de sistemas

Muchas partes del cuerpo humano funcionan en conjunto para permitir la respiración. ¿Cómo sabemos qué componentes son parte del aparato respiratorio y cuáles no? La respuesta es que se llega a un acuerdo acerca de las fronteras de los sistemas naturales. No siempre es obvio qué componentes se incluyen hasta que se establecen y se llega a un acuerdo respecto de estas fronteras. Definir las fronteras de esa manera hace que sea más fácil estudiarlos.

7. ¿Por qué es útil pensar en los sistemas naturales si son los seres humanos los que determinan sus fronteras? Repasa el contenido que has leído hasta ahora para resumir por qué los científicos consideran útil el concepto de sistemas naturales para estudiar la naturaleza.

Analizar cómo interactúan los sistemas

Los sistemas no existen de forma aislada. Están conectados y pueden afectarse unos a otros. Por ejemplo, el cuerpo humano contiene muchos sistemas naturales que trabajan en conjunto para mantenerte con vida. Pueden hallarse sistemas más pequeños dentro de sistemas más grandes. Piensa en un teléfono celular. Un teléfono celular es un sistema pequeño que contiene muchos sistemas electrónicos pequeños, como circuitos integrados. Sin embargo, el propio teléfono forma parte de un sistema de comunicaciones más amplio: una red celular. Un teléfono celular es de uso limitado si no puede conectarse a otros sistemas, como otros teléfonos, dentro de una red celular.

Una red de telefonía celular simplificada

Como puedes ver, los teléfonos celulares son componentes de un sistema de ingeniería a gran escala. Los propios teléfonos celulares están compuestos de sistemas aún más pequeños.

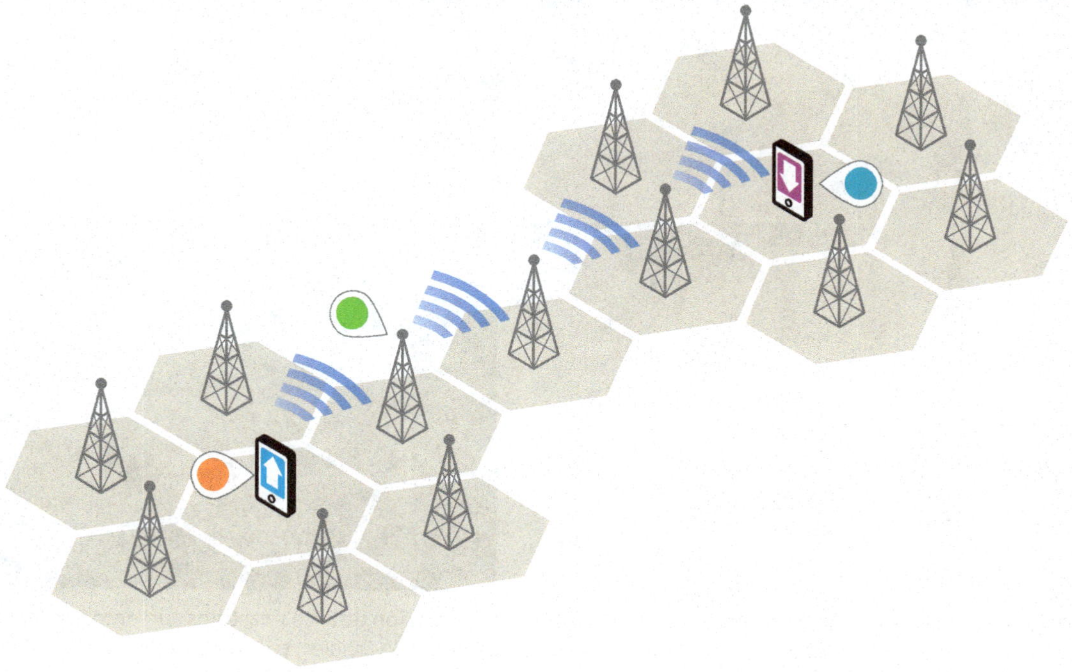

Cuando una persona que hace una llamada habla por un teléfono celular, un micrófono pequeño en el teléfono detecta y convierte la energía del sonido en energía eléctrica. La señal eléctrica se codifica en ondas de radio y se envía a una o más estaciones base.

La señal de ondas de radio se envía a la estación base más cercana a la persona que llama y llega a la antena del teléfono celular receptor a través de una o más estaciones base.

El teléfono celular del receptor convierte la señal de radio que recibe de la estación base en energía de sonido, que se reproduce a través del altavoz del teléfono celular para que el receptor la escuche.

8. La imagen de arriba es un modelo simplificado de un sistema grande y complejo. ¿Por qué puede ser útil un modelo simple de un sistema complejo como este para comprender cómo interactúan sus componentes?

Interacciones en sistemas naturales

Si existe una falla en un sistema, puede ser difícil descubrir la fuente del problema. Los sistemas a menudo están interconectados con muchos otros sistemas. Los científicos e ingenieros estudian las interacciones de los sistemas para comprender cómo los sistemas se afectan entre sí.

Durante muchos años, los lobos grises fueron considerados depredadores peligrosos que amenazaban al ganado y a la población en el Parque Nacional de Yellowstone y sus alrededores. Se mataba a los lobos para sacarlos de la zona. En la década de 1970, fueron identificados como una especie en peligro de extinción. Luego, fueron reintroducidos en el parque. Los lobos se convirtieron en una nueva entrada para el ecosistema de Yellowstone. Se alimentaban de ciervos. Eso hizo que disminuyera la población de ciervos. Al mismo tiempo, la población de ciertos árboles aumentó. Los científicos concluyeron que el aumento de la población de árboles (un cambio en el sistema) se debió a que menos ciervos comían los árboles y los retoños.

Los lobos fueron eliminados del ecosistema de Yellowstone en los años treinta. En su ausencia, la población de ciervos aumentó y comió demasiadas plantas.

Los científicos observaron que la reintroducción de los lobos tuvo como consecuencia una cantidad mayor de árboles en el parque.

La población de aves y castores aumentó con la mayor cantidad de árboles. Los cambios en un sistema pueden afectar a otros sistemas.

9. Si aumentara la población de lobos en el ecosistema de Yellowstone, ¿qué efectos podrían observarse? Elige todas las respuestas correctas.

A. Aumentaría la población de aves.

B. Aumentaría la población de árboles.

C. Disminuiría la población de ciervos.

D. Aumentaría la población de ciervos.

CUADERNO DE EVIDENCIAS

10. ¿Por qué se beneficia la sociedad al comprender las interacciones de los sistemas naturales, como el del tiempo? ¿Por qué son útiles las prácticas científicas de análisis de datos y observación para comprender cómo funcionan los sistemas naturales? Anota las evidencias.

Práctica matemática

Analizar interacciones para explicar cambios

Cuando los científicos estudian las interacciones de los sistemas naturales, pueden hacer predicciones sobre cómo un cambio en un sistema puede afectar los componentes o las entradas y las salidas de otros sistemas.

El estudio científico de los sistemas naturales y de la manera en que interactúan se puede aplicar a muchos otros sistemas, como el pronóstico del tiempo, la gestión de la fauna y los tratamientos médicos.

11. ¿Qué gráficas muestran aumentos y cuáles muestran disminuciones?

12. ¿Cómo pueden obtenerse datos a partir de las gráficas para relacionar el crecimiento de los árboles de álamo con los cambios en la población de ciervos?

13. Imagina que nunca se hubiera observado a los lobos cazar y comer ciervos en Yellowstone. Entonces, ¿qué podrías inferir de los datos que muestran una disminución de la población de ciervos y un aumento de la población de lobos?

Población de lobos

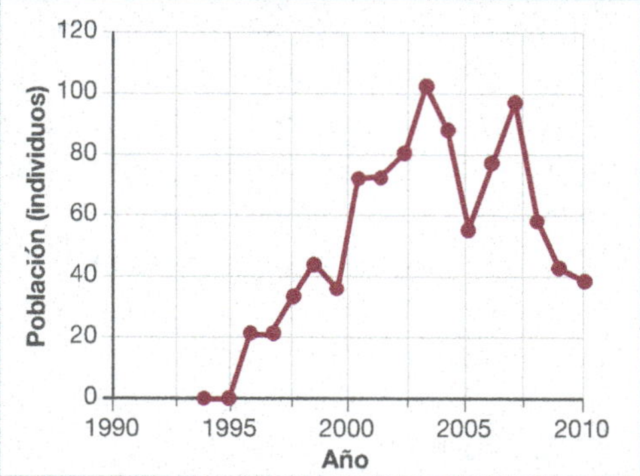

Población de ciervos

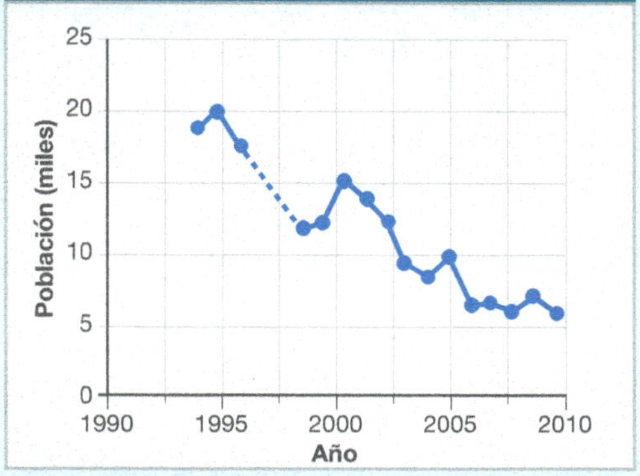

Altura del álamo

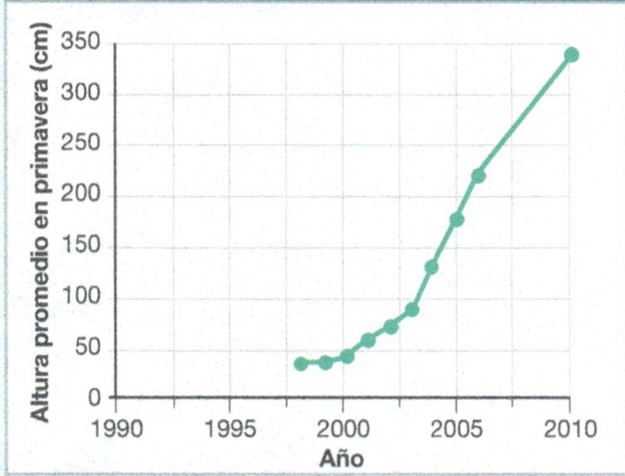

Colonias de castores

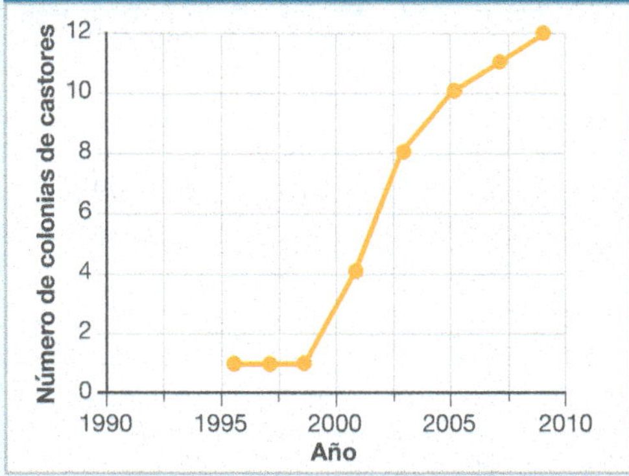

Crédito: Adapted from "Trophic cascades in Yellowstone" by William J. Ripple, Robert L. Beschta, from *Biological Conservation*, v. 145, no. 1. Copyright © 2012. Reprinted with permission from Elsevier.

Interacciones en sistemas de ingeniería

Los sistemas de ingeniería son desarrollados y construidos por el ser humano. Por lo general, resuelven un problema o una necesidad. Muchos sistemas de ingeniería están compuestos por sistemas más pequeños que interactúan entre sí. Al igual que con los sistemas naturales, puede ser difícil identificar relaciones de causa y efecto en sistemas de ingeniería complejos. Es importante saber cómo las interacciones del sistema están interrelacionadas de manera que puedan desarrollarse sistemas más grandes y más complejos si fuera necesario. Un carro es un sistema grande y complejo de ingeniería que se compone de muchos sistemas más pequeños. Poder predecir e identificar cómo interactúan esos sistemas y cómo responden al usuario es una parte importante del desarrollo de un carro o de cualquier objeto o herramienta de ingeniería. Por ejemplo, los ingenieros pueden probar motores y sistemas de combustible para reducir la tasa de uso de combustible y mejorar la eficiencia del combustible. Comprender cómo interactúan el sistema de combustible y el motor es importante para mejorar las interacciones entre los sistemas.

Cuatro subsistemas de un carro

Los carros están compuestos por varios sistemas más pequeños que están diseñados para funcionar en conjunto. Se muestran cuatro de esos subsistemas.

Sistema de frenos
Es responsable de reducir la velocidad o de detener el carro cuando está en movimiento.

Sistema eléctrico
Provee corriente eléctrica a muchos otros sistemas en el carro. Los paneles luminosos y los sensores dependen del buen funcionamiento del sistema eléctrico.

Grupo motopropulsor
Usa las fuerzas del motor para girar las ruedas, lo que hace que el carro se mueva.

Sistema de suspensión
Mantiene la estabilidad del carro mediante la absorción de energía que podría interferir con el movimiento hacia delante del carro, y también mejora la comodidad y la seguridad del conductor.

14. Según lo que has leído sobre sistemas de carros, ¿qué enunciados describen mejor un ejemplo de cómo una corriente eléctrica, que es la salida del sistema eléctrico, es una entrada para los otros sistemas? Elige todas las respuestas correctas.

A. La corriente eléctrica reduce el movimiento hacia delante de un carro en movimiento.

B. La corriente eléctrica provee energía a los sistemas de iluminación y sonido de un carro.

C. Reduce la cantidad de presión y tensión en las partes del grupo motopropulsor.

D. En un carro eléctrico, la corriente eléctrica provee energía al grupo motopropulsor.

15. Los sistemas, incluidos los carros, requieren una entrada de energía. ¿De dónde obtiene el carro su energía, como sistema?

Predecir los efectos de las interacciones entre sistemas

Los sistemas están interconectados; los cambios en un sistema pueden tener efectos en otros sistemas. Como consecuencia, los ingenieros por lo general no estudian un solo sistema de forma aislada. Para entender realmente un sistema y predecir su comportamiento, los ingenieros suelen observar las interacciones entre sistemas. Pueden aplicar su conocimiento de las interacciones entre sistemas para sugerir y hacer mejoras en el sistema. Esas mejoras pueden atender un problema social importante o una necesidad de la sociedad.

16. Identifica las entradas y las salidas generadas por el carro como un sistema completo.

A. Gasolina: entrada/salida

B. Emisiones gaseosas: entrada/salida

C. Energía como calor: entrada/salida

17. Comenta Con un compañero, repasa cómo las entradas y las salidas de los sistemas de ingeniería, como carros y camiones, pueden afectar a los ecosistemas y a las sociedades humanas dentro de esos ecosistemas. Identifica un impacto que tienen las entradas o las salidas de los carros y los camiones en la sociedad y el medio ambiente.

	Sociedad	Medio ambiente
Impacto de la entrada de un vehículo		
Impacto de la salida de un vehículo		

Hacer modelos de sistemas

Como has aprendido, los sistemas y sus interacciones pueden ser muy complejos. Los científicos y los ingenieros a menudo dependen de modelos y simulaciones para comprender mejor y predecir el comportamiento de los sistemas. Un modelo científico muestra la estructura de un objeto, sistema o concepto. Las simulaciones usan modelos para imitar la función, el comportamiento o el proceso en diferentes condiciones.

Los ingenieros usan modelos de sistemas para explorar cómo funciona un sistema diseñado. También pueden descubrir lo que puede estar mal en un sistema. Investigar un modelo de sistema suele ser más seguro, menos costoso y más fácil que hacer investigaciones en el sistema del mundo real. Por ejemplo, llevar a cabo pruebas de terremotos en modelos de edificios a escala reducida es mucho más barato, más fácil y más seguro que hacer pruebas en un edificio de tamaño real.

Se prueban dos modelos a escala de edificios en una mesa vibratoria. Uno de los modelos es de un diseño resistente a los terremotos. Probar modelos a escala como este puede servir para identificar posibles problemas de los diseños estructurales o materiales.

18. Imagina que eres un ingeniero civil que diseña edificios. ¿Por qué podría ser útil hacer pruebas con modelos de edificios o sus componentes a pequeña escala para evaluar mejoras y cambios en el diseño de los edificios?

Diferentes modelos satisfacen diferentes necesidades

Diferentes tipos de modelos permiten a los científicos e ingenieros evaluar ideas y encontrar soluciones a preguntas difíciles. Un modelo físico representa la estructura física de un objeto o sistema. Los modelos físicos a menudo tienen el mismo aspecto y funcionan de la misma manera que el objeto o el sistema que representan. Los modelos matemáticos son modelos hechos de números y ecuaciones. Esos modelos suelen mostrarse como gráficas y pueden usarse para predecir tendencias futuras. Un modelo conceptual o mental es una forma de pensar cómo se relacionan las partes de un sistema para simplificar relaciones complejas. Algunos modelos informáticos son como modelos físicos en el sentido de que muestran la estructura física de un objeto. Otros modelos informáticos son más parecidos a los modelos matemáticos.

Las proporciones, la escala y las cantidades usadas en un modelo deben reflejar el objeto o el sistema de la vida real. Por ejemplo, al crear un modelo de los pilares y las vigas de un puente, los modelos reducidos deben tener las mismas proporciones que el puente de tamaño real. De lo contrario, los datos obtenidos durante la prueba del modelo no serán válidos. Los modelos también son útiles para representar escenarios que serían imposibles de representar en la vida real, como lo que puede suceder si la temperatura de la Tierra aumentara 10 °C.

Modelos y simulaciones de sistemas naturales

Los científicos usan modelos de sistemas para entender cómo funcionan los sistemas naturales. Los modelos ayudan a los científicos a desarrollar explicaciones sobre fenómenos naturales que pueden ser difíciles de observar de forma directa. Los modelos se usan para hacer predicciones que afectan nuestra vida cotidiana. Por ejemplo, los meteorólogos hacen pronósticos del tiempo mediante modelos informáticos basados en datos meteorológicos.

Los modelos son muy útiles, pero tienen limitaciones. A veces no funcionan de la misma manera que el objeto o sistema que representan. Eso puede suceder si se estudia un modelo fuera de su medio ambiente natural. A menudo es imposible representar todas las variables en un modelo complejo. Se pueden tener en cuenta esas diferencias al interpretar los resultados.

Este diagrama es un modelo conceptual que muestra los componentes, las entradas y las salidas de un sistema climático.

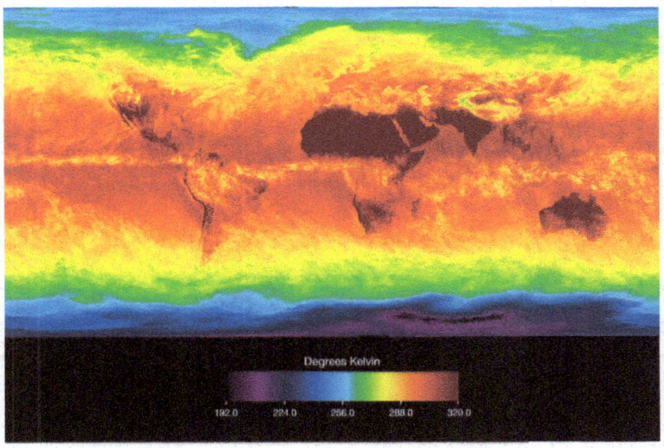

Los modelos informáticos, como este modelo de temperaturas globales del aire, pueden analizar datos de muchas mediciones y mostrar tendencias a gran escala.

Se pueden construir modelos informáticos de sistemas complejos, como los patrones meteorológicos y las temperaturas oceánicas, que sean fáciles de interpretar.

19. ¿Qué ventajas tiene un modelo informático sobre un modelo físico para estudiar el cambio climático? Elige todas las respuestas correctas.

- **A.** Los modelos informáticos pueden no ser capaces de predecir las reacciones de los objetos del mundo real.
- **B.** El estudio detallado del clima no se presta a un modelo físico.
- **C.** Los modelos informáticos pueden actualizarse con facilidad con datos del clima.
- **D.** Las computadoras pueden procesar datos y tendencias para hacer predicciones climáticas.

Modelos y simulaciones de sistemas de ingeniería

Los ingenieros usan modelos y simulaciones para analizar sistemas de ingeniería. Prueban los modelos para determinar dónde pueden ocurrir fallas o para probar soluciones posibles a un nuevo problema. Los ingenieros también los usan para probar nuevas ideas e identificar las fortalezas y las limitaciones de sus diseños. Las simulaciones pueden prevenir errores costosos y peligrosos en el diseño.

Imagina cómo sería construir un cohete costoso y luego lanzarlo sin saber si funcionará. Los nuevos diseños de cohetes se prueban de antemano en simulaciones. Hacer una simulación por computadora de un lanzamiento de cohete es mucho más barato y más reproducible que usar el objeto real para probarlo.

Los modelos permiten a los ingenieros mejorar ciertas características o beneficios de las herramientas o procesos y de los sistemas que los componen. Los ingenieros deben tener un conocimiento profundo de las relaciones matemáticas entre los componentes del sistema. Pueden dibujar, rotular y describir modelos para comunicar problemas e ideas a otros ingenieros y científicos.

Los ingenieros y diseñadores suelen usar modelos físicos, como este modelo de arcilla del exterior de un carro, para desarrollar sistemas que trabajan en conjunto.

Las simulaciones pueden usarse para mostrar cómo un suceso puede ocurrir en circunstancias específicas. Permiten a científicos o ingenieros cambiar ciertas condiciones para probar una hipótesis. Las tecnologías complejas se pueden probar en muchos ambientes antes de ponerlas en uso. Durante la prueba, se pueden encontrar defectos en el diseño que pueden corregirse. Eso puede prevenir daños a un equipo costoso o lesiones como consecuencia de una falla del diseño.

Hacer modelos por etapas durante el proceso de diseño ayuda a los ingenieros a construir un producto que funcione.

20. Revisa los enunciados acerca de hacer un modelo del diseño y la función de una motocicleta. Identifica si describen una ventaja o una desventaja del modelo.

Modelos de sistemas de ingeniería	Ventaja o desventaja
Un modelo informático puede mostrar propiedades que son difíciles de observar de forma directa, como el rendimiento aerodinámico.	
Un modelo informático no tiene en cuenta todos los factores ambientales posibles.	
Los modelos físicos permiten a los ingenieros simular sucesos peligrosos sin riesgo de lesiones humanas.	
Un modelo matemático de combustible usado a lo largo del tiempo realiza suposiciones acerca del uso de combustible y las condiciones de conducción.	

21. Práctica matemática | Colaborar Aunque los modelos y las simulaciones tienen muchos beneficios, no son "lo real". Algunos factores o condiciones deben ser aproximados. Otros ni siquiera se pueden incluir.

Imagina que eres parte de un grupo de ingenieros que necesita probar un modelo a escala de un puente peatonal. Será un modelo a escala $\frac{1}{20}$ del puente. El puente pasará encima de una carretera muy concurrida y permitirá a la personas cruzar la carretera de manera segura. ¿Cómo podría un error de diseño relativamente pequeño de 2 centímetros en el modelo del sistema causar un problema significativo en la construcción del puente?

CUADERNO DE EVIDENCIAS

22. Cuando se usa un modelo informático para pronosticar el tiempo, el usuario debe entender que el modelo no puede considerar todas las variables que pueden existir en la naturaleza. ¿Por qué es importante? Anota las evidencias.

Evaluar los beneficios de las pruebas de choque

Los cinturones de seguridad y las bolsas de aire son dos tecnologías que han demostrado su efectividad a partir de los resultados de simulaciones de choque. Esas simulaciones, o pruebas de choque, usan modelos físicos a escala real de carros, conductores y pasajeros. Es muy costoso hacerlas, por lo que se reúne una gran cantidad de datos durante esas pruebas para que valgan la pena. Esas pruebas de choque y los datos que se obtienen de ellas han dado lugar a reglas de seguridad más estrictas para los fabricantes de carros. Eso ha reducido las lesiones en accidentes automovilísticos a lo largo del tiempo.

Aprende EN LÍNEA

23. ¿Cuáles son los beneficios de las simulaciones de choque? Elige todas las respuestas correctas.

A. No ponen en peligro a las personas.

B. Permiten a los ingenieros probar nuevos diseños.

C. Se puede controlar el tipo y la velocidad del choque.

D. La realización de la prueba es poco costosa.

24. ¿Qué soluciones le sugerirías a un fabricante de carros si su carro recibió una calificación baja en una prueba de choque?

Sigue explorando

Nombre: **Fecha:**

Fíjate en esta opción o conéctate y elige alguna de estas opciones.

Hacer modelos de sistemas terrestres

- **Prácticas de laboratorio**
- **Una visión de los sistemas del mundo**
- **Busca una opción para ti**

Conéctate y elige alguna de estas opciones.

Biósfera 2 es una estructura construida en Arizona como modelo experimental de los sistemas naturales de la Tierra. Alguna vez tuvo un espacio habitable, instalaciones de investigación y tierras de cultivo. También tuvo regiones que representaban diferentes biomas, como el desierto y la selva tropical. Las personas se preguntaban si algo como Biósfera 2 podría usarse para mantener vida humana en Marte. En 1991, el primer equipo de ocho miembros comenzó a vivir en Biósfera 2 como un proyecto de dos años.

La estructura física de Biósfera 2 fue un éxito de ingeniería, pero los proyectos biológicos dentro de la esfera no tuvieron los resultados previstos. Varias semanas de clima nublado redujeron la fotosíntesis de las plantas. Por lo tanto, las plantas no absorbieron dióxido de carbono ni liberaron oxígeno a las tasas esperadas. Las bacterias en los suelos ricos en nutrientes de los biomas de la selva tropical y la sabana destruyeron rápidamente los nutrientes. La mayoría de los insectos polinizadores cuidadosamente seleccionados murieron. Eso redujo la cantidad de frutas y semillas que el equipo tenía para comer. Esos cambios inesperados en las entradas y los procesos del sistema afectaron los niveles de oxígeno y nutrientes en la biósfera. Como consecuencia, el proyecto fue cancelado. Si bien el proyecto no logró sus objetivos originales, los investigadores aprendieron muchas lecciones acerca de las interacciones de sistemas biológicos.

Biósfera 2 está dirigida actualmente por la Universidad de Arizona como centro de investigación y conferencias.

Sigue explorando

1. Biósfera 2 es un sistema de ingeniería que fue diseñado como sistema cerrado. En un sistema cerrado, la energía puede fluir a través de los límites del sistema, pero no así la materia. ¿Qué tipo de transferencias de energía podían ocurrir en Biósfera 2?

2. Los diseñadores querían usar Biósfera 2 como un modelo de vivienda para personas que vivieran en Marte. Sin embargo, aparecieron varios problemas inesperados. Aunque el proyecto original no tuvo éxito, ¿qué pueden haber aprendido los investigadores de este "experimento fallido"?

3. Un problema inesperado fue que las plantas no usaron el exceso de dióxido de carbono producido por las bacterias del suelo. En cambio, el dióxido de carbono en exceso reaccionó con el hormigón de las paredes del edificio y formó carbonato de calcio. Esa reacción química "encerró" una gran cantidad de carbono y oxígeno de los organismos de la biósfera. ¿Por qué crees que no se previó ese problema al estudiar los ecosistemas naturales?

4. **Colaborar** Investiga el problema del exceso de dióxido de carbono en Biósfera 2. Luego, trabaja con un compañero para crear un cartel con un diagrama que muestre las relaciones de causa y efecto del aumento del dióxido de carbono en un sistema biológico. ¿Qué tipo de sistema diseñado hubiera sido útil en esa situación? Presenta lo que descubriste al resto de la clase.

¿Puedes explicarlo?

Nombre: **Fecha:**

¿Cómo se puede diseñar un modelo del tiempo para pronosticar el trayecto y la fuerza de una tormenta?

Aprende EN LÍNEA

CUADERNO DE EVIDENCIAS

Consulta las notas de tu Cuaderno de evidencias para explicar cómo los ingenieros y los científicos pueden investigar y predecir el comportamiento de un sistema natural.

1. Haz una afirmación. Asegúrate de comentar cómo los modelos del tiempo pueden ayudar o no a los ingenieros y los científicos a predecir el recorrido y la fuerza de las tormentas.

2. Resume las evidencias que reuniste. Explica tu razonamiento. ¿De qué manera las evidencias justifican tu afirmación?

Ejercicios de revisión

Responde las siguientes preguntas para comprobar si entendiste bien la lección.

Observa la gráfica y responde las Preguntas 3 y 4.

3. A partir de la gráfica, puedes identificar

- **A.** una disminución del componente de ciervos del sistema
- **B.** una interacción de los componentes de un sistema
- **C.** un aumento de los componentes del sistema
- **D.** una disminución de la cantidad de alimentos

Población de ciervos

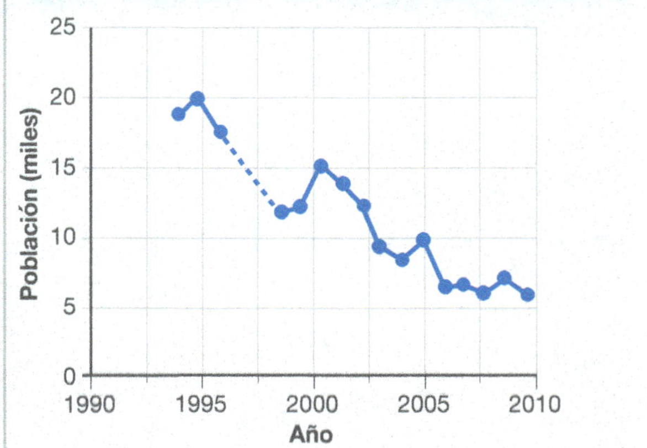

Fuente: Ripple, W.J., Beschta, R.L. Trophic cascades in Yellowstone: The first 15 years after wolf reintroduction. Biol. Conserv. (2011).

4. Se ha observado que los ciervos del Parque Nacional de Yellowstone compiten con los borregos cimarrones por los recursos alimentarios y de hábitat. Según las evidencias, ¿de qué manera la disminución de la población de ciervos en un área puede afectar a la población de borregos cimarrones en esa área?

- **A.** Los borregos cimarrones tendrían menos recursos; por lo tanto, su población disminuiría.
- **B.** Los borregos cimarrones tendrían menos recursos; por lo tanto, su población aumentaría.
- **C.** Los borregos cimarrones tendrían más recursos; por lo tanto, su población disminuiría.
- **D.** Los borregos cimarrones tendrían recursos; por lo tanto, su población aumentaría.

Observa el diagrama y responde la Pregunta 5.

5. Identifica si los sucesos representan una entrada, una salida o ambas en el sistema de la máquina expendedora.

- **A.** la cantidad de cambio disponible:
  entrada / salida / ambas
- **B.** cantidad insuficiente de dinero insertado:
  entrada / salida / ambas
- **C.** ningún producto disponible:
  entrada / salida / ambas
- **D.** la ranura de monedas está bloqueada:
  entrada / salida / ambas
- **E.** la máquina no cuenta bien las monedas insertadas:
  entrada / salida / ambas

Máquina expendedora

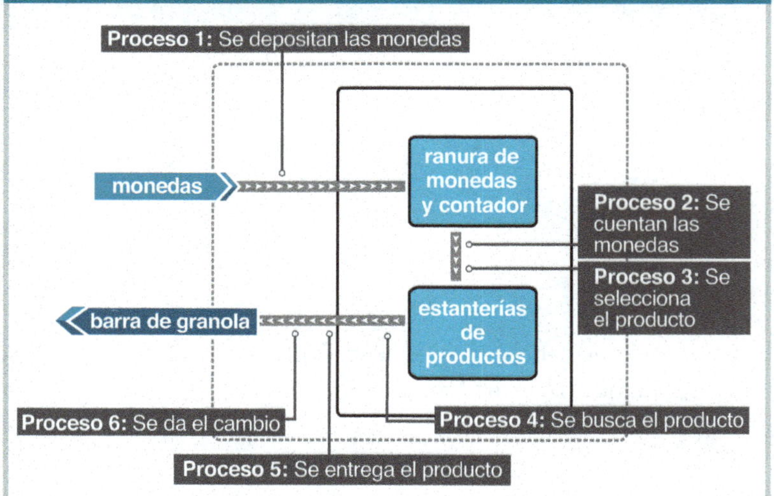

---

6. Los ingenieros usan modelos informáticos / un modelo de tamaño natural para diseñar un avión de reacción. Así prueban el diseño del avión e identifican cómo interactúan sus subsistemas. Ese tipo de modelos sirven para observar cómo interactúan los componentes / las salidas del sistema.

Repaso interactivo

Completa esta sección para repasar los conceptos principales de la lección.

Los sistemas están formados por partes o componentes que interactúan.

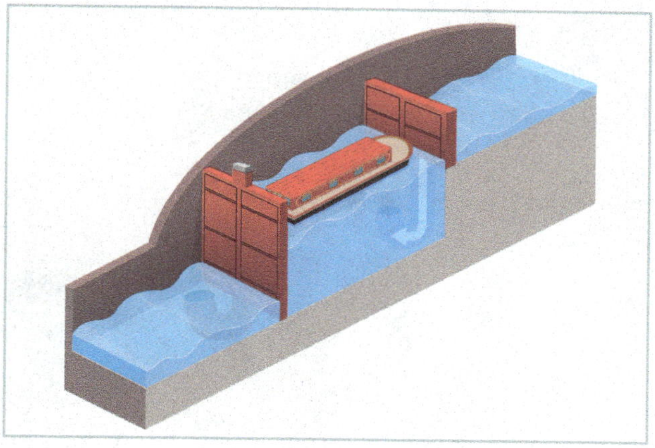

A. ¿En qué se parecen los sistemas naturales y los sistemas de ingeniería?

Los sistemas y los subsistemas interactúan. Estudiar las interacciones del sistema es importante en ingeniería y en ciencias.

B. En un sistema complejo, muchos subsistemas interactúan entre sí. ¿Cómo interactúan estos sistemas en términos de entradas y salidas?

Los modelos pueden usarse para representar sistemas complejos y sus interacciones.

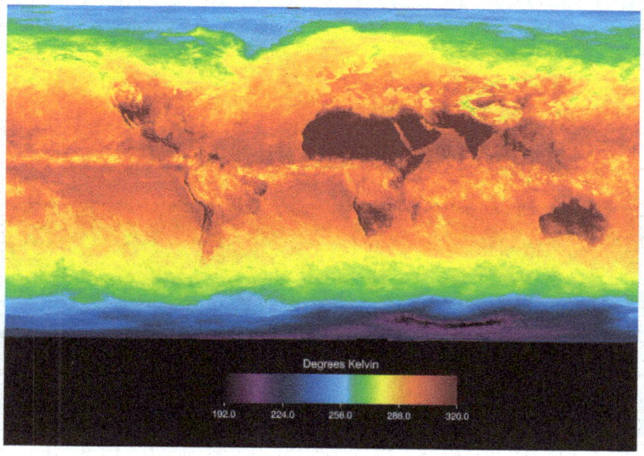

C. ¿Por qué los científicos y los ingenieros suelen usar un modelo de sistema para predecir los resultados de las interacciones en lugar de estudiar el sistema real?

LECCIÓN 3

El proceso de diseño de ingeniería

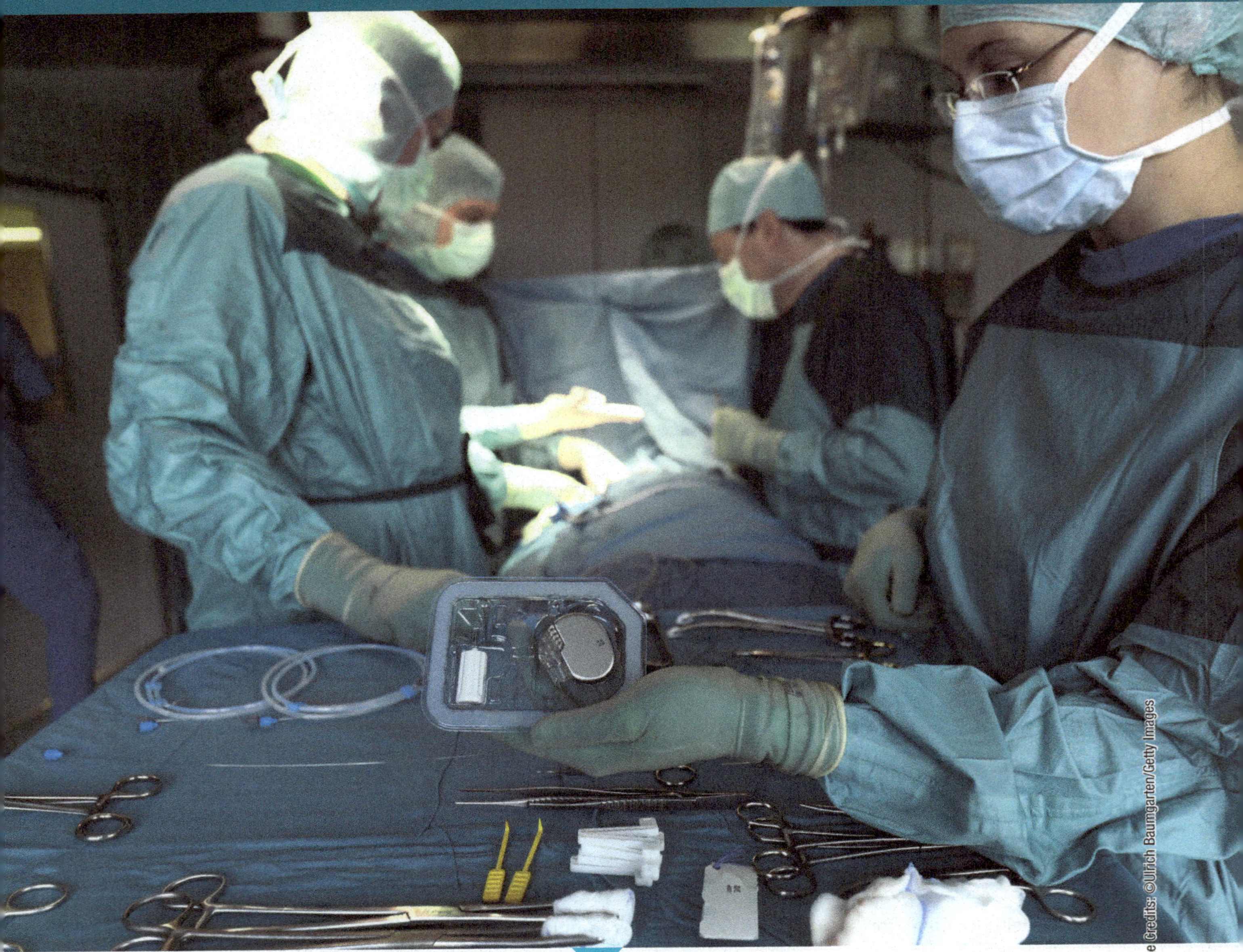

© Houghton Mifflin Harcourt • Image Credits: ©Ulrich Baumgarten/Getty Images

La función del marcapasos cardíaco artificial sigue siendo la misma desde que se inventó el primero en la década de 1920, pero su diseño ha cambiado significativamente desde entonces.

Al final de esta lección...

podrás definir los criterios y las restricciones de un problema de diseño de ingeniería, de manera tal que se pueda asegurar una solución exitosa.

Conéctate para ver la versión digital de la Práctica de laboratorio de esta lección y descargar recursos adicionales.

¿PUEDES EXPLICARLO?

¿Por qué definirías la necesidad de construir una montaña rusa emocionante pero segura como un problema de diseño de ingeniería?

Esta montaña rusa de madera es la más grande del este de China: mide 32 metros de altura, 1,060 metros de largo y es capaz de alcanzar una velocidad de hasta 91 kilómetros por hora.

1. Imagina que tienes que diseñar una montaña rusa de madera para un parque de diversiones de tu ciudad. ¿Qué problemas relacionados con la ingeniería y la comunidad deberías considerar antes de comenzar el proceso de diseño?

2. ¿Por qué la falta de una planificación apropiada podría afectar el diseño de la montaña rusa?

CUADERNO DE EVIDENCIAS Mientras trabajas con la lección, reúne evidencias para analizar el propósito de los procesos de diseño de ingeniería.

Desarrollar soluciones

Todos los días usas muchos objetos diseñados. Cada uno de ellos fue diseñado y construido para satisfacer una necesidad. Las fundas para teléfonos celulares y las montañas rusas son aparatos muy diferentes. Sin embargo, los dos se desarrollan usando procesos de diseño de ingeniería. El diseño de instrumentos, aparatos, objetos y sistemas útiles requiere una cuidadosa planificación, revisión y fabricación. El proceso de diseño de ingeniería tiene muchos pasos. Aunque no hay un orden fijo para seguir esos pasos, los procesos de diseño de una funda de teléfono celular y una montaña rusa son muy similares.

Todas las soluciones comienzan con un problema de diseño

Los ingenieros resuelven problemas. Para diseñar una solución, los ingenieros empiezan por definir el problema. En la ingeniería, la palabra "problema" no significa algo que está mal. Un problema de ingeniería es un enunciado que determina qué solución se necesita. El problema de diseño debe estar expresado de manera tal que describa lo que la solución necesita hacer y cómo necesita hacerlo. No solo los problemas complicados requieren una solución de ingeniería. Los chimpancés de abajo no son ingenieros, pero tienen algo en común con ellos. Se encontraron con un problema que necesitaban resolver.

Aprende EN LÍNEA

Este chimpancé usa un palo para recoger hormigas de una colonia, y así poder comer una gran cantidad de ellas rápidamente.

3. Artes del lenguaje | Comenta Con un compañero, observa la foto del chimpancé comiendo hormigas con un palo. A diferencia de los seres humanos, los chimpancés se deben limitar a usar los materiales naturales que tienen cerca para crear un instrumento con que recoger las hormigas. Con tus propias palabras, describe el problema de diseño que enfrenta el chimpancé.

El proceso de diseño de ingeniería

El diseño de ingeniería tiene mucho en común con las prácticas científicas. Sin embargo, su finalidad es diferente de la de la investigación científica. El proceso de diseño de ingeniería implica definir y resolver problemas o necesidades. Los ingenieros deben definir el problema de diseño. Deben identificar las características y cualidades que debe tener una solución exitosa. Luego continúan con el proceso de diseño de ingeniería, que se muestra en el diagrama. Los ingenieros no siempre siguen los pasos del proceso de diseño en orden. Es común que los ingenieros diseñen un instrumento, un objeto o un proceso, prueben el diseño y le encuentren un problema. Entonces retroceden un paso para hacer un cambio en el diseño. Es normal que se hagan cambios de diseño después de una prueba.

Un esquema del proceso de diseño de ingeniería

Las pruebas y el análisis de datos son parte del proceso de diseño de ingeniería, porque el desarrollo de la mejor solución a un problema se basa en análisis de datos que indican cuán bien funciona cada solución de diseño.

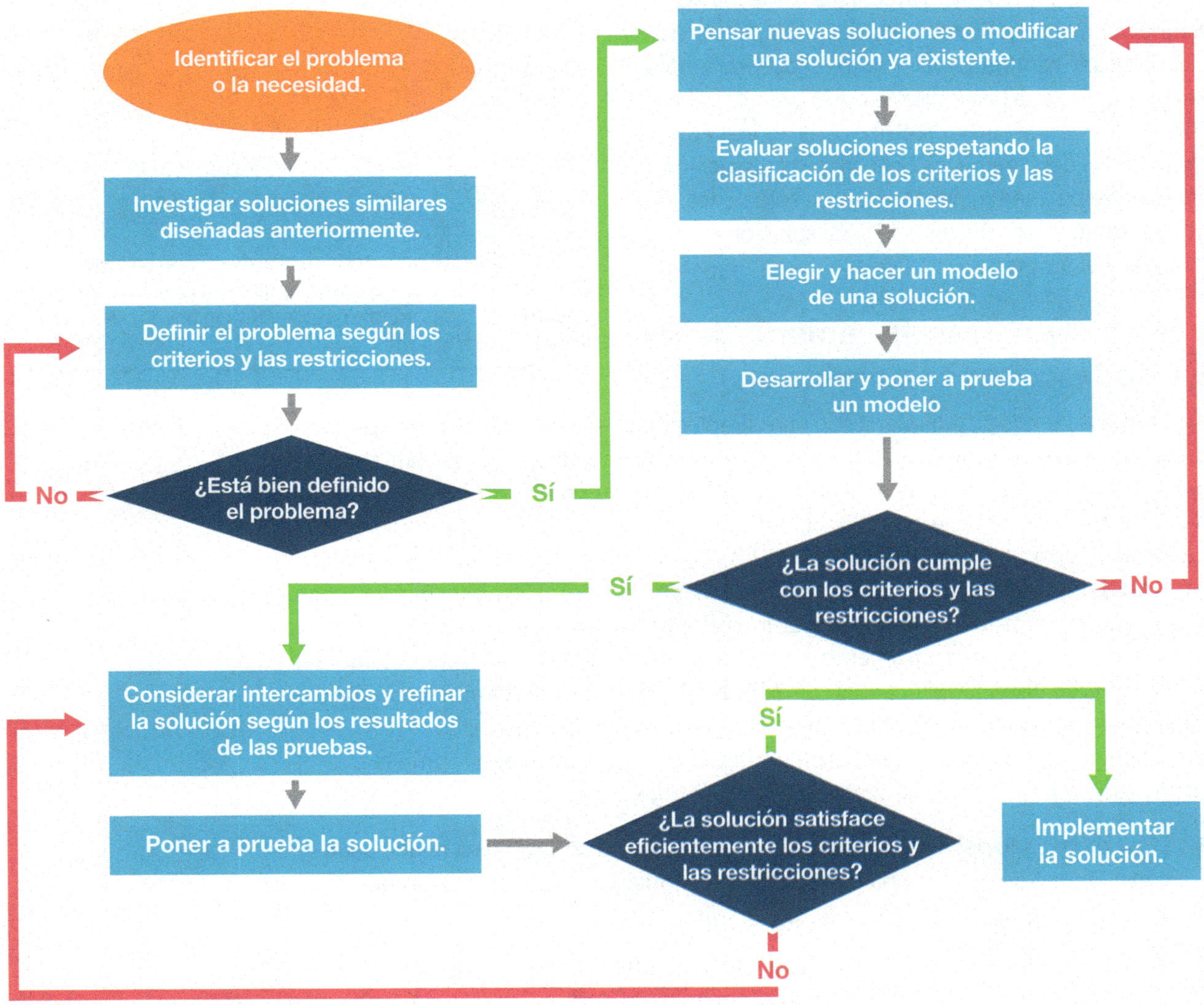

Definir problemas e identificar necesidades

Los **criterios** de un problema de diseño son las características o cualidades que debe tener la solución. Quién necesita la solución, qué debe hacer la solución y cómo atenderá el problema o la necesidad son ejemplos de criterios. Otros criterios pueden ser requisitos sobre las formas en que la solución puede afectar a la sociedad o al medio ambiente. Cuando una solución de diseño cumple con todos los criterios, los ingenieros pueden comparar varias soluciones diferentes y evaluar cuál podría funcionar mejor.

Las limitaciones que los ingenieros enfrentan durante el proceso de diseño se llaman **restricciones**. Algunas restricciones comunes son el costo, el tiempo, la disponibilidad de recursos, las leyes y el conocimiento científico. Las restricciones pueden tener asociada una cantidad o valor numérico. Por ejemplo, "el producto debe pesar menos de 95 gramos". Si un diseño no cumple con las restricciones, es inaceptable. Después de determinar los criterios y las restricciones, los ingenieros pueden pensar muchas soluciones. Luego, evalúan la forma en que cada solución resolvería el problema.

La comodidad es un criterio para el diseño de un casco. Es más probable que los ciclistas usen un casco si este es cómodo. Los primeros cascos estaban hechos de tiras acolchadas de cuero.

Los problemas de ingeniería deben estar descritos con precisión

Algunos problemas de ingeniería son muy simples y fáciles de definir. Por ejemplo, las tachuelas se crearon como una solución para pegar notas o carteles en los tableros de anuncios o en las paredes. Otros problemas de ingeniería son muy complejos, como el modo de trasladarse en las grandes ciudades. Un sistema de metro sería una solución de ingeniería para ese complejo problema.

Los problemas más complejos requieren más tiempo y análisis para que los ingenieros puedan definir el problema en detalle. Es importante que las necesidades se identifiquen con claridad para que el instrumento o sistema de diseño final resuelva correctamente el problema de diseño. Cuanto más complejo es el problema, más tiempo tardarán los ingenieros en identificar con precisión las necesidades y los criterios. Definir el problema identificando claramente los criterios que la solución debe cumplir es un paso importante en el proceso de diseño de ingeniería.

4. ¿Qué enunciado define con más precisión el problema de ingeniería relacionado con el diseño de un casco para bicicleta? Elige todas las respuestas correctas.

A. El casco debe evitar que el ciclista se lastime en una colisión.

B. El casco debe proteger al ciclista de un traumatismo craneal en una colisión con un objeto sólido a 30 kilómetros por hora.

C. El casco debe reducir las fuerzas de impacto sobre el cráneo cuando un ciclista cae de una bicicleta en movimiento sobre una superficie de concreto.

D. El casco debe proteger al ciclista en una colisión o una caída de la bicicleta.

La necesidad práctica de un casco para bicicleta

La idea de usar una cubierta en la cabeza para proteger al ciclista en una caída comenzó hace más de cien años, debido a la preocupación que había por las lesiones en la cabeza. Una caída desde un alto velocípedo de ruedas grandes podía causar lesiones graves en la cabeza y el cuello. A medida que más personas comenzaban a andar en bicicleta, había más lesiones en la cabeza por caídas. Pasó mucho tiempo antes de que los cascos empezaran a parecerse a los que usas hoy. Uno de los primeros diseños estaba hecho de tiras simples de cuero cosidas. Aunque ese diseño era cómodo, ofrecía poca protección al ciclista. Los ciclistas también usaron cascos de motocicleta, cascos de alpinismo y cascos duros para la construcción. Sin embargo, ninguno de esos cascos estaba específicamente diseñado para el tipo de caída que podía tener un ciclista.

Ocurrían más y más accidentes, principalmente por dos razones: más personas andaban en bicicleta y los ciclistas no usaban casco, o los que usaban no estaban diseñados para tal fin. La sociedad necesitaba una herramienta de seguridad que protegiera la cabeza de los ciclistas si se caían de la bicicleta. Era necesario diseñar un casco que sirviera como protección en las condiciones específicas del ciclismo.

Los componentes de un casco para bicicleta

Los diferentes componentes de un casco para bicicleta están diseñados con propósitos específicos. Procuran resolver el problema de ingeniería de reducir las fuerzas de impacto sobre el cráneo del ciclista en una caída o colisión. Muchos componentes de los cascos para bicicleta han cambiado con el tiempo debido a requisitos legales y a la investigación científica.

La cubierta brillante y lisa del exterior del casco hace que luzca bien. También cumple un propósito de seguridad. Reduce las fuerzas de fricción en el casco que se producirían si el caparazón de poliestireno expandido estuviera descubierto. La cubierta lisa reduce la posibilidad de que el blando interior de poliestireno se enganche en una superficie rugosa y cause una lesión severa en el cuello.

El caparazón de poliestireno expandido proporciona protección al absorber la energía de un impacto. El material espumoso absorbe la energía cinética del impacto, se hunde y puede romperse. También protege la cabeza del repentino cambio de aceleración que ocurriría si el cráneo entrara en contacto directamente con una superficie dura como el asfalto o el cemento.

Las almohadillas de ajuste y las correas sirven para mantener el casco estable en la cabeza del ciclista.

Un casco que se mueve o se cae durante una colisión no protege. Las correas ajustables son necesarias para mantenerlo en su lugar.

Práctica matemática

Calcular la cantidad de material que se necesita

Los ingenieros pueden determinar los costos de fabricación de una solución calculando la cantidad de materiales que se necesitan para construirla.

Aprende EN LÍNEA

El casco de bolsa de aire fue desarrollado por dos estudiantes de diseño, Anna Haupt y Terese Alstin. Está hecho de nailon que se infla cuando los sensores en el cuello detectan una caída. Anna está mostrando cómo se usa el cuello.

5. Para confeccionar el cuello de un casco de bolsa de aire se necesitan 1.5 metros de tela. El fabricante debe confeccionar 250 cuellos por pedido especial. Una mañana, uno de los técnicos descubre que solo tienen el 65% de la tela que precisan para fabricar los cuellos. ¿Cuántos metros más de tela se necesitan para fabricar los 250 cuellos?

Pensar, desarrollar y poner a prueba soluciones

Cuando hubo que desarrollar un casco para bicicleta, muchos diseños fueron examinados y probados. Algunas ideas funcionaron. Otras no. El proceso de identificar qué diseños funcionan y qué diseños no es similar para todos los desafíos de diseño de ingeniería.

Después de que un problema de diseño ha sido definido, un equipo presenta tantas soluciones al problema como le sea posible. Algunas ideas pueden parecer tontas. Sin embargo, comenzar con muchas ideas de soluciones es mejor que empezar con una sola idea. Luego, se comparan todas las ideas para ver cuán bien cumplen con los criterios y las restricciones del problema. Se conservan las ideas que cumplen con los criterios y las restricciones y se descartan las que no. Las ideas más prometedoras se clasifican. La clasificación se basa en cuán bien las partes de cada diseño cumplen con los criterios y las restricciones. El paso de clasificación es muy útil porque algunas partes de una solución pueden ser muy valiosas. Otras partes de la misma solución quizá no sirvan para solucionar el problema. Si una sola idea de diseño no resuelve bien el problema, las mejores características de cada diseño se pueden combinar en una idea mejor.

Considerar los intercambios

Para cumplir con las restricciones de un problema de diseño, los ingenieros suelen hacer intercambios. Un intercambio es el acto de dejar de lado una ventaja de diseño para conservar otra. Por ejemplo, mantener los costos bajos es importante en cualquier proyecto de diseño. Sin embargo, al usar materiales más fuertes y caros, el producto será menos propenso a romperse y durará más tiempo. En los cascos para bicicleta modernos, se prefirió un diseño liviano a uno más grueso que cubriese toda la cara. Si bien un casco más grueso que cubriera el rostro ofrecería más protección, habría menos probabilidades de que los ciclistas lo usaran porque sería más pesado. Usar un casco adecuado ofrece mucha más protección que no usar casco. Por lo tanto, se intercambió la máxima protección posible por un diseño más liviano que más personas estarían dispuestas a usar.

6. ¿Cuáles de las siguientes opciones son ejemplos de intercambios de diseño? Elige todas las respuestas correctas.

- **A.** el diseño de materiales plásticos livianos para construir carrocerías de carros y reducir el peso y el uso de combustible en lugar de usar acero fuerte y pesado, que es más duradero, pero aumentará el uso de combustible
- **B.** el diseño de ruedas más grandes para bicicletas de montaña que permite un andar más suave en superficies rocosas en lugar de ruedas más pequeñas con las que es más fácil tomar curvas difíciles, pero ofrecen un andar con más sacudones
- **C.** el uso de una bolsa de papel para llevar los víveres
- **D.** el uso de imágenes de menor calidad y resolución en un programa de mensajes de texto para poder enviar las imágenes más rápidamente a un destinatario

Optimizar las soluciones

Después de seleccionar y poner a prueba las soluciones propuestas, se elige la solución que funciona mejor en las pruebas. Se hacen pruebas adicionales con esa posible solución. Se construye un modelo de prueba de la mejor solución y se hacen pruebas con ese modelo. Se hacen mejoras de diseño en el modelo como consecuencia de repetidas pruebas controladas. Por ejemplo, después de varias pruebas, el diseño de capas múltiples de los cascos para bicicleta fue identificado como la mejor manera de proteger a los ciclistas de lesiones en la cabeza. Continuaron las pruebas de diferentes soluciones para maximizar la seguridad de los ciclistas. Se hicieron pruebas para identificar la densidad de espuma que mejor absorbe la energía durante una caída. A partir de los resultados de la prueba, se hicieron nuevos cambios en el diseño del casco. Su rendimiento general ha mejorado gracias a esas pruebas adicionales.

Una prueba de diseño que se repite muchas veces se denomina **prueba iterativa**. El proceso de diseño iterativo consiste en probar, analizar y perfeccionar un producto, un sistema o un proceso, basándose en los resultados de las pruebas. Durante el proceso de diseño iterativo, los cambios se hacen en la versión más reciente del diseño, basándose en los resultados de las pruebas. El propósito del proceso de diseño iterativo es mejorar la calidad y la utilidad de un diseño. Los resultados de las pruebas iterativas ayudan a los ingenieros a desarrollar la mejor solución posible.

CUADERNO DE EVIDENCIAS

7. ¿Sería mejor comenzar el proceso de diseño de la montaña rusa trabajando con una idea de diseño o con cuatro ideas de diseño? Anota las evidencias.

Práctica de laboratorio

Diseña un modelo de casco para bicicleta

A veces no es posible poner a prueba un diseño colocándolo en la situación real en la que será usado. Por ejemplo, nadie pondría a prueba un diseño de casco para bicicleta pidiendo a un ciclista que lo use en una colisión para luego comprobar si la persona ha sufrido lesiones. En lugar de eso, los ingenieros suelen usar modelos para probar una solución de diseño.

Diseñarás un modelo de casco para bicicleta y lo pondrás a prueba para comprobar si cumple con los criterios y restricciones de diseño que figuran a continuación. Tu casco de prueba será un pequeño modelo de casco para bicicleta. Pondrás el modelo a prueba dejando caer el casco (lado abierto hacia arriba) con un huevo crudo adentro. Observa los efectos en el huevo una vez que cayó.

Tu desafío es construir un modelo de casco con estos criterios y restricciones en mente:

- El casco solo usará los materiales proporcionados.
- El ancho exterior del casco no será más de dos veces el ancho del huevo. Mide el ancho del huevo en el punto donde este es mayor.
- El casco debe evitar que el huevo se rompa al caer de una altura de 1.5 metros (m).
- El huevo debe permanecer en el casco durante la prueba.
- El casco se debe poder separar del huevo una vez finalizada la prueba.

MATERIALES

- papel de aluminio
- plástico de burbuja de burbujas pequeñas
- cinta de tela metálica o cinta adhesiva de embalaje reforzada
- huevo (crudo)
- lámina de poliestireno
- periódico
- tiras de cartón
- tijeras
- cuerda o estambre

Procedimiento

PASO 1 Identifica el problema de diseño de ingeniería basándote en los *criterios* y las *restricciones.* Recuerda que los criterios son las características que debe tener la solución. Las restricciones son los límites dentro de los que tienen que trabajar los diseñadores. ¿Qué criterios o restricciones serán más difíciles de cumplir?

PASO 2 Identifica tres ideas de diseño diferentes que se puedan realizar con los materiales provistos. Haz un esquema con tus ideas abajo o en una hoja aparte.

PASO 3 Usa la tabla de abajo para evaluar cuán bien cumple con los criterios y las restricciones cada uno de tus tres diseños. Usa una escala de 1 a 3 para evaluar tus diseños. Luego, basándose en las calificaciones, selecciona un diseño. También puedes hacer la tabla en una hoja aparte.

Criterio o restricción	Evaluación de la solución propuesta frente a un criterio o a una restricción
El casco solo usa los materiales proporcionados.	
El ancho exterior del casco no tiene más de dos veces el ancho del huevo.	
El casco evita que el huevo se rompa al caer de una altura de 1.5 metros.	
El huevo permanece en el casco durante la prueba.	
El casco se puede separar del huevo una vez finalizada la prueba.	

Análisis

PASO 4 Usa el diseño elegido para construir el casco. Luego, pon a prueba los diseños de tu casco. Explica cómo se relaciona cada diseño con el problema de diseño.

PASO 5 Un huevo de gallina grande pesa alrededor de 2 oz o 56.7 g. Una cabeza humana pesa alrededor de 10 lb o 4.5 kg. ¿De qué maneras un huevo puede ser un buen modelo de la cabeza humana en este desafío de diseño? ¿Por qué un huevo no sería un buen modelo de la cabeza humana? Explica tus respuestas.

PASO 6 ¿Por qué fue necesario tener un problema de ingeniería definido con precisión antes de comenzar a desarrollar y poner a prueba una solución para tu modelo de casco?

A. Fue necesario para determinar qué materiales se necesitan.

B. Fue necesario para definir los criterios y restricciones del modelo.

C. Mostró qué solución tenía más posibilidades de funcionar cuando se probaron los diseños.

D. Para medir el éxito de la solución después de ponerla a prueba.

Definir un problema de diseño de la vida real

Una alarma contra incendio en buenas condiciones puede duplicar las posibilidades de sobrevivir a un incendio casero. Las alarmas contra incendio generalmente se fijan al cielorraso. Por lo tanto, pueden ser difíciles de alcanzar. Su sonido fuerte y estridente puede ser muy molesto, especialmente cuando la causa son unas tostadas quemadas. Sin embargo, esos aspectos molestos son realmente importantes para el diseño. Debido a que el humo sube, la alarma debe estar ubicada en la parte alta de una pared o en el cielorraso para detectar el humo de manera rápida y confiable. Su sonido penetrante puede ser necesario para despertar a las personas que duermen durante un incendio. La ubicación y los tipos de sonido más eficaces han sido determinados tras muchos años de investigación, de pruebas y de análisis.

Las alarmas contra incendio están diseñadas específicamente para sonar de manera estridente y molesta. Muchas vidas pueden depender de que una alarma alerte a las personas en caso de un incendio.

8. Es importante definir los criterios y las restricciones de un problema de diseño para llegar a una solución exitosa. Elige si los siguientes puntos son criterios o restricciones. Marca la columna correcta.

Requisitos	Criterio	Restricción
Según una regulación gubernamental, la alarma debe producir una señal de al menos 65 decibelios a una distancia de 10 pies.		
El compartimento de la batería debe ser fácil de abrir.		
La alarma debe tener una señal que alerte a los usuarios cuando la batería está baja.		
La alarma debe pesar menos de 225 g (aproximadamente 9 oz).		
Por razones de seguridad, no se pueden usar baterías de litio. Solo se pueden usar baterías de 9V, que son más grandes.		
El diseño debe tener la menor cantidad posible de piezas movibles.		

9. Escribe En el espacio de abajo o en una hoja aparte, escribe otro criterio u otra restricción que sean apropiados para el diseño de una alarma contra incendio. Comparte el criterio o la restricción que pensaste con tus compañeros. Comenten en qué se parecen sus ideas.

Comparar la ingeniería y las prácticas científicas

Recuerda que la ciencia y la ingeniería están relacionadas entre sí. Sin embargo, tienen propósitos diferentes. La ciencia es la búsqueda de conocimiento sobre los fenómenos en los sistemas naturales y diseñados. La ingeniería es la práctica sistemática de resolver problemas de la vida real mediante soluciones diseñadas. Se desarrollan nuevas tecnologías cuando los ingenieros usan el conocimiento científico para desarrollar soluciones a diferentes problemas.

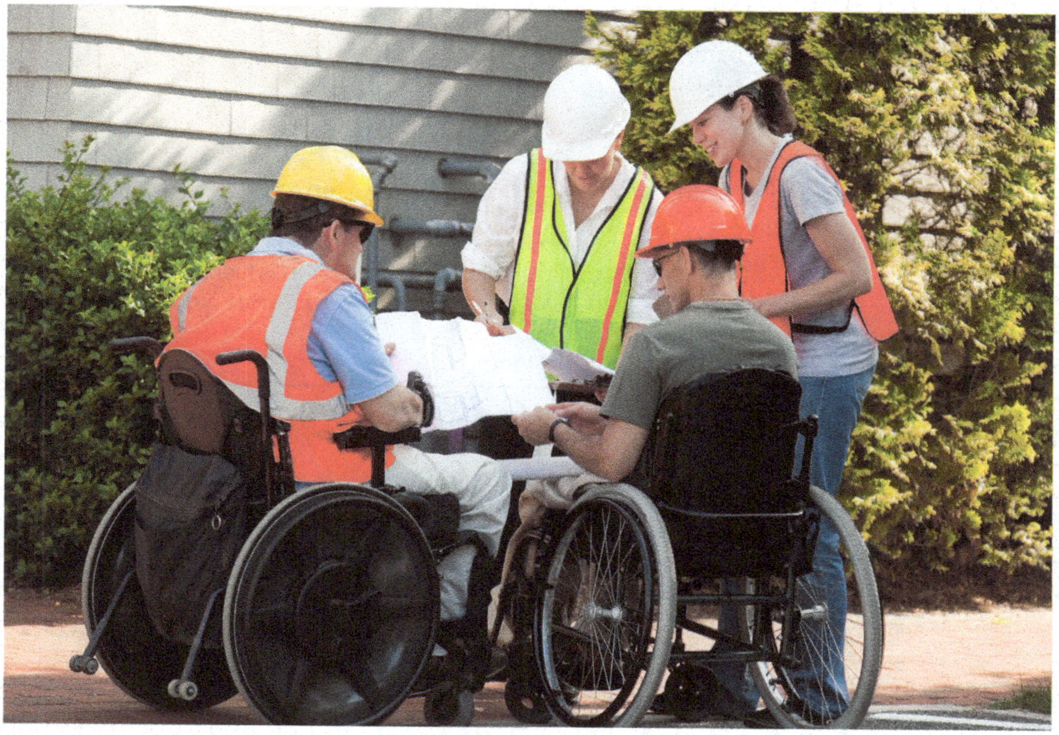

Los edificios, las carreteras, los puentes y los parques fueron diseñados para satisfacer las necesidades de las personas y resolver los problemas de la comunidad. Equipos de ingenieros y otros profesionales combinan su experiencia práctica con su conocimiento de las matemáticas y de las ciencias. Este equipo está analizando planos de ingeniería en una obra.

En las ciencias y las prácticas de ingeniería se hacen investigaciones. Sin embargo, las investigaciones tienen propósitos diferentes. En las ciencias, el propósito es estudiar los fenómenos y aprender cómo y por qué las cosas funcionan de la manera en que lo hacen. En la ingeniería, el propósito es definir y resolver problemas. Tanto las ciencias como la ingeniería usan procesos que dependen de los resultados de pruebas y de análisis de datos.

10. Lee las siguientes preguntas y decide si fueron formuladas por un científico o por un ingeniero. Escribe tu respuesta junto a la pregunta.

A. ¿Qué les sucede a las plantas al crecer expuestas a bajos niveles de ozono?

____

B. ¿Cuál es el espesor de vidrio más efectivo para un invernadero pequeño? _______________

C. ¿Qué proporción de combustible-aire en el motor de un carro produce mayor potencia? _______________

D. ¿De qué color es una solución de cloruro de cobre en agua? _______________

E. ¿Cuál es el diámetro mínimo de alambre necesario para una línea de transmisión de 150,000 voltios? _______________

Hacer preguntas y definir problemas

Los científicos hacen preguntas y buscan respuestas de manera sistemática. Los ingenieros definen un problema y buscan una solución de manera sistemática. Por ejemplo, considera una investigación de la *resistencia a la tensión*, la cantidad de fuerza que un material puede tolerar antes de romperse. Cuando se añade una masa conocida debajo de la tira de material, la fuerza ejercida sobre el material aumenta. El material se estirará y finalmente se romperá. La cantidad de estiramiento y la fuerza necesaria para provocar una rotura dependen de la propiedad del material conocida como resistencia a la tensión.

Se podría usar una prueba de resistencia a la tensión para investigar una pregunta científica, como cuál es la relación entre las propiedades químicas de un material y su capacidad de resistir ser estirado hasta deformarse. La misma prueba podría usarse para resolver una pregunta de ingeniería, como qué material podría usarse para fabricar una pieza que debe estirarse menos del 1% de su longitud cuando se le aplica una carga de cierto tamaño.

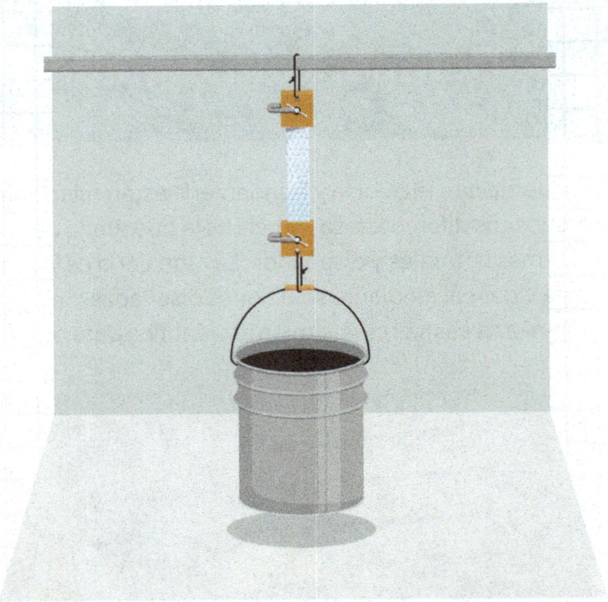

Las pruebas de tensión se usan habitualmente para probar cómo reaccionará un material a las fuerzas de tracción (fuerzas aplicadas en tensión). Se está probando una tira de plástico de burbuja para ver cuán bien resiste los tirones y los desgarrones.

CUADERNO DE EVIDENCIAS

11. ¿Qué tipo de preguntas acerca de los materiales sería útil hacer al diseñar una montaña rusa de madera segura y divertida?

Desarrollar y usar modelos

En una investigación científica, se puede usar un modelo para hacer una predicción. Por ejemplo, un modelo matemático podría predecir cómo se estirará un nuevo material, según su composición química y su estructura física. Un modelo informático de la atmósfera podría pronosticar cambios en el tiempo y cambios climáticos. Un modelo físico puede mostrar cómo los átomos forman moléculas. Los modelos están diseñados para representar muchas de las variables que afectan al objeto o fenómeno de la vida real, pero no pueden incluir todas las variables. Esas diferencias se tienen en cuenta cuando se analizan los datos generados por el modelo.

Los ingenieros también usan modelos, pero de una manera diferente. Los modelos de ingeniería se construyen generalmente para probar la solución a un problema o para determinar si una solución propuesta funcionará. Los modelos conocidos como *prototipos* a menudo se usan para probar un diseño. El prototipo es un modelo físico. Se usan para comunicar ideas sobre soluciones de diseño a otras personas. Los prototipos también se prueban para mejorar el diseño de la solución. También pueden ser un modelo más pequeño de un objeto o un componente de un objeto más grande. Por ejemplo, se podría construir y luego probar el prototipo de la pieza de un puente para descubrir si podría soportar fuerzas sin estirarse ni romperse.

Planear y realizar investigaciones

Planear una investigación puede ser parte tanto de las ciencias como de la ingeniería. En una investigación científica, planear significa hacer una pregunta y determinar una manera de investigar la pregunta de modo que se obtengan datos que ayuden a responderla. Por ejemplo, un científico puede preguntarse cómo la estructura química afecta la resistencia a la tensión y luego poner a prueba materiales con diferentes estructuras químicas para medir la resistencia de cada uno de ellos a la tensión. En una investigación de ingeniería, planear significa definir claramente una necesidad y los criterios y las restricciones de la solución. Por ejemplo, un ingeniero define la necesidad de un material de embalaje económico que no se estire más de una cierta cantidad bajo una carga específica. Durante el proceso de planificación, se determina si el material es demasiado costoso para ser usado en la solución. El ingeniero solo probará aquellos materiales que cumplan con las restricciones de costos.

Probar la resistencia de los modelos es una parte importante de muchos proyectos de diseño de ingeniería.

Analizar y evaluar los datos

Una parte importante de cualquier investigación científica o de ingeniería es analizar e interpretar los datos. Los resultados de las pruebas son útiles porque pueden dar respuestas a preguntas o solucionar el problema. Los resultados de las pruebas suelen incluir mediciones que proporcionan datos. Se usan las matemáticas para analizar esos datos. Luego, se evalúan para determinar cómo se relacionan con la predicción de la respuesta o con la solución del problema. Por ejemplo, los datos de un estudio de resistencia a la tensión pueden analizarse y evaluarse mediante una gráfica. Representar los datos gráficamente permite a un ingeniero comparar cuánto se estiró un material según la cantidad de masa soportada por la pieza.

12. Práctica matemática Esta gráfica muestra los datos que reunieron los estudiantes durante una prueba de resistencia a la tensión. En la primera parte de la gráfica, la curva es una línea recta. Esa sección de la curva indica una deformación elástica del material. Si se retirara el peso, volvería a su forma original. En una parte posterior de la gráfica, la curva se aplana. Eso indica una deformación plástica. Aplicar tanta fuerza al material altera su estructura y hace que se estire permanentemente.

Gráfica de esfuerzo-deformación

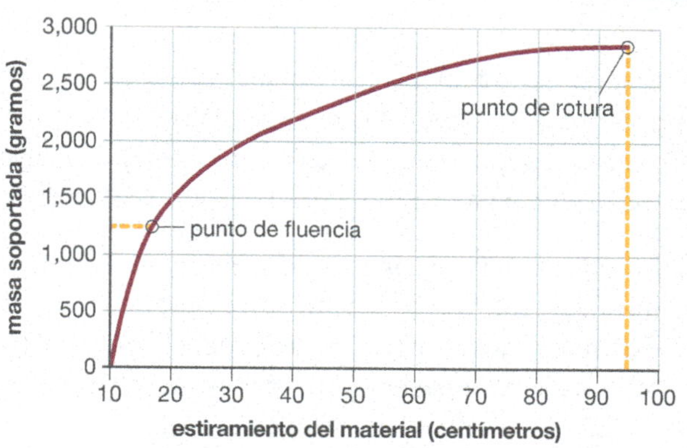

Evalúa los datos representados en la gráfica. El punto en el cual la deformación cambia de elástica a plástica se conoce como *punto de fluencia*. Este se puede determinar identificando el punto en el que disminuye la tasa de estiramiento. ¿Qué pasaría con este material si se aplicaran y retiraran 2,000 g?

Explicar y diseñar soluciones

Los científicos y los ingenieros usan los datos para diferentes propósitos. Los científicos los usan para explicar por qué o de qué manera ocurre algo. Por ejemplo, pueden relacionar el punto de fluencia de un material con su estructura para explicar cómo los enlaces químicos afectan su estiramiento. Los ingenieros usan los datos para diseñar soluciones. El punto de fluencia de un material determina cómo puede usarse en una aplicación donde una fuerza puede hacer que se estire una pieza.

Usar evidencias para debatir

Tanto los científicos como los ingenieros elaboran argumentos a partir de los datos que analizan. Cuando se usa así la palabra *argumento*, no significa que haya un desacuerdo entre personas. En este caso, un argumento es un enunciado que explica algo a partir de razonamientos y de la evidencia reunida. Los datos se usan para justificar el argumento. Muestran cómo coinciden los resultados con las predicciones o cómo cumplen con los criterios y las restricciones.

Comunicar información

Una vez que se evaluaron los resultados de una investigación o de una prueba, se debe comunicar con claridad si son útiles para otros científicos e ingenieros. La comunicación de los datos consiste en expresar claramente los resultados de la investigación, argumentar que los resultados proporcionan una explicación o una solución y justificar con evidencias la conclusión. Otras personas deben poder usar la información comunicada para repetir la investigación y obtener los mismos resultados.

Los científicos y los ingenieros deben comunicar claramente sus explicaciones y sus argumentos al justificar una conclusión.

Artes del lenguaje
Comparar prácticas de investigación y de diseño

Las ciencias y la ingeniería usan un método sistemático para reunir evidencias. La diferencia principal entre esas dos áreas es el propósito de la investigación. Una investigación científica responde una pregunta o prueba una hipótesis. Una investigación de ingeniería propone y prueba la solución a un problema específico para satisfacer una necesidad.

13. Piensa en tu propia experiencia en la realización de experimentos. También, piensa en lo que leíste sobre el propósito de las pruebas en la ingeniería y en las ciencias. Compara y contrasta la información que puedes obtener al leer sobre un experimento con la información que puedes obtener al hacer el experimento tú mismo.

Sigue explorando

Nombre: **Fecha:**

Fíjate en esta opción o conéctate y elige alguna de estas opciones.

Profesiones de la ingeniería

- **Prácticas de laboratorio**
- **Los primeros ejemplos de tecnología**
- **Busca una opción para ti**

Conéctate y elige alguna de estas opciones.

Observa las construcciones de tu ciudad, como las carreteras, los puentes y los edificios. Tanto ingenieros civiles como mecánicos trabajan en ellas. Los ingenieros civiles diseñan y mantienen las instalaciones públicas, incluidas las carreteras, los edificios, los ferrocarriles y los aeropuertos. Los ingenieros mecánicos diseñan máquinas, como los elevadores, que se usan en esas instalaciones. Los ingenieros civiles que trabajan con el uso, la mejora y la recuperación de sistemas naturales, como los ríos, las playas y los bosques, se llaman ingenieros ambientales.

Ingeniería civil

Los ingenieros civiles participan en cada paso de un proyecto de construcción. Supervisan el diseño y la construcción del proyecto y trabajan en su mantenimiento cuando está terminado. Usan todos los instrumentos y los pasos del proceso de ingeniería, desde determinar el problema de ingeniería, definir sus criterios y restricciones, pensar ideas nuevas, hacer modelos y probar las ideas, hasta trabajar en el diseño final. Luego, supervisan la construcción. Hay muchos roles en la ingeniería civil. Algunos de ellos son la ingeniería arquitectónica, la estructural y la ambiental. Los ingenieros civiles también desarrollan los sistemas de transporte y dirigen los recursos hídricos.

Profesionales del Cuerpo de ingenieros del ejército inspeccionan y aseguran un dique que atraviesa una carretera en una inundación.

Sigue explorando

Cuerpo de ingenieros del ejército

Aunque muchas personas creen que el ejército solo participa en actividades militares, el Cuerpo de ingenieros del ejército de los Estados Unidos posee unidades que están entrenadas para realizar acciones no militares. Los desastres naturales pueden ocurrir en cualquier parte del mundo. El Cuerpo de ingenieros del ejército cuenta con equipos de ingenieros que actúan en desastres en los Estados Unidos y en otros lugares. Esos equipos están formados por ingenieros y otros especialistas que cuentan con el entrenamiento y el conocimiento necesarios para lidiar con los efectos de huracanes, inundaciones, terremotos y otras alteraciones naturales que afectan a las comunidades. Cada equipo incluye ingenieros que pueden dirigir misiones, como quitar escombros para que el tráfico comience a moverse, proveer energía de emergencia y evaluar puentes y otras construcciones para determinar si son seguras. El Cuerpo de ingenieros del ejército también realiza operaciones de búsqueda y rescate durante los desastres. Ayudan a encontrar sobrevivientes que pueden estar atrapados y no pueden ponerse a salvo por su cuenta. El equipo del Cuerpo de ingenieros del ejército incluye ingenieros eléctricos, civiles, de transporte, estructurales e hidráulicos.

1. ¿Cuál de estas actividades probablemente requiera el trabajo de ingenieros civiles? Elige todas las respuestas correctas.

A. diseñar un nuevo estadio deportivo

B. probar las fórmulas del hormigón que se usará en un estacionamiento

C. pensar ideas para mejorar el plástico que se usa en la fabricación de juguetes

D. reconstruir las orillas muy erosionadas de un río para reducir el efecto de las inundaciones

2. ¿Cuál de estas actividades probablemente llevaría a cabo un ingeniero civil especializado en ingeniería ambiental?

A. probar las vigas de acero para un gran puente

B. pensar ideas para evitar derrumbes en pendientes empinadas

C. diseñar un nuevo sistema para descargar los vagones de un ferrocarril

D. desarrollar un robot que pueda buscar sobrevivientes de desastres naturales

3. Explica por qué un equipo que proporciona ayuda después de un terremoto se beneficiaría al incluir ingenieros civiles.

4. Colaborar Identifica uno o más desastres naturales en los que trabajaron ingenieros y lograron que una comunidad se recuperara. Identifica los roles que cumplieron en el restablecimiento de las funciones de esa comunidad.

¿Puedes explicarlo?

Nombre: **Fecha:**

¿Por qué definirías la necesidad de construir una montaña rusa emocionante pero segura como un problema de diseño de ingeniería?

CUADERNO DE EVIDENCIAS

Consulta las anotaciones de tu Cuaderno de evidencias para explicar por qué la "necesidad de divertirse sin sufrir lesiones" puede plantearse como un problema de diseño.

1. Haz una afirmación. Asegúrate de que tu explicación tenga en cuenta por qué los criterios y las restricciones del problema influyen en la solución del diseño.

2. Resume la importancia de definir un problema de diseño de ingeniería y explica de qué manera influyen los criterios y las restricciones en la solución del problema.

Ejercicios de revisión

Completa el repaso para comprobar que entendiste el contenido de la unidad.

Observa la foto y responde las Preguntas 3 y 4.

3. ¿Qué elementos de la foto fueron desarrollados usando procesos de diseño de ingeniería para solucionar un problema? Elige todas las respuestas correctas.

A. computadora
B. taza de café
C. mesa
D. bolígrafo

4. Completa las oraciones con las palabras correctas.
La portabilidad y el bajo peso son algunos criterios / restricciones que se usan en el diseño de una computadora portátil. La disponibilidad de materiales y los costos de producción son algunos ejemplos de criterios / restricciones del diseño.

Observa la foto y responde las Preguntas 5 y 6.

5. Un ingeniero propone que una sustancia química recién desarrollada sea rociada desde un avión para reducir la velocidad de las llamas durante un incendio forestal. ¿Cuál es el siguiente paso que el ingeniero probablemente dará para desarrollar una solución que combata los incendios forestales?

A. Probar una serie de sustancias químicas similares.
B. Rociar y comparar la eficacia de las sustancias químicas con el agua.
C. Agregar la sustancia química a todos los tanques rociadores de los aviones.
D. Diseñar un sistema para rociar la sustancia química.

6. Los científicos y los ingenieros estudian los efectos de los incendios. Identifica si las siguientes preguntas las formularía un científico, un ingeniero o ambos. Escribe C para científico, I para ingeniero o A para ambos.

A. ¿Qué materiales son mejores para combatir los incendios? ______
B. ¿Qué efecto tiene la turbulencia que se produce encima de un incendio sobre un avión que intenta apagarlo? ______
C. ¿Qué porcentaje de incendios tiene causas naturales? ______
D. ¿Cómo afecta al recorrido de los incendios el tipo de terreno? ______

Repaso interactivo

Completa la guía de estudio interactiva para repasar la lección.

El proceso de diseño de ingeniería identifica un problema y luego propone, prueba y optimiza la solución a ese problema.

A. Explica por qué probar una solución según los criterios y las restricciones del problema de diseño es una parte fundamental del proceso de diseño de ingeniería.

Las ciencias y la ingeniería son campos relacionados, pero tienen objetivos y propósitos diferentes.

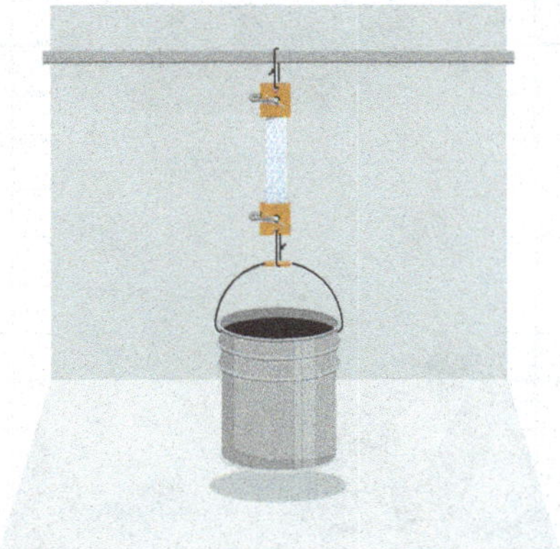

B. Los modelos son herramientas importantes tanto para los científicos como para los ingenieros. ¿En qué se diferencian los científicos y los ingenieros respecto de la forma en la que usan modelos en sus áreas de estudio?

Elige una de las actividades para aprender cómo se relaciona esta unidad con otros temas.

☐ Conexión con la salud

El cólera hoy El cólera, una infección intestinal a menudo mortal, ha acosado a las sociedades durante mucho tiempo. En 1854, en Londres (Inglaterra), se descubrió el vínculo entre unos casos de cólera y la cercanía de unas bombas locales de agua a las fuentes de desechos fecales. Se reconstruyeron las estaciones de bombeo y el saneamiento en toda la ciudad de Londres a causa de estos brotes. Actualmente, la Organización Mundial de la Salud calcula que hay aproximadamente entre 1.3 y 4 millones de casos de cólera por año, que causan entre 21,000 y 143,000 muertes en todo el mundo.

Investiga un brote de cólera y haz una presentación sobre las causas de la epidemia. Describe lo que la sociedad y/o la tecnología podrían hacer para prevenir futuros brotes.

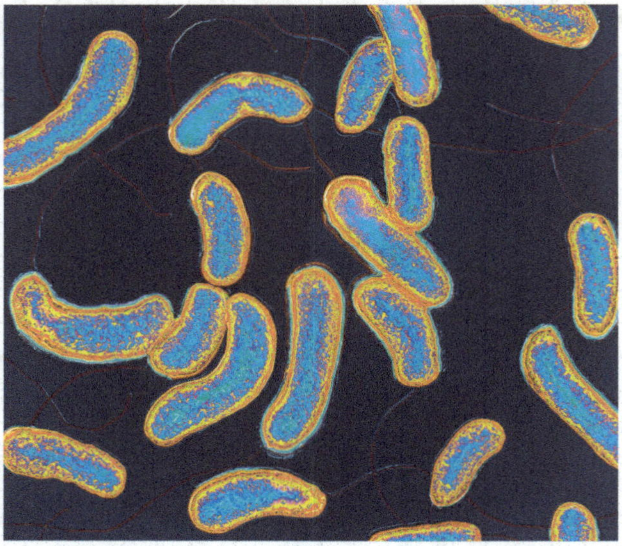

☐ Conexión con la tecnología

Biomímesis Biomímesis, o biomimética, es la imitación de la naturaleza para resolver problemas humanos. Estudiar la naturaleza puede ayudar a producir mejores tecnologías y estructuras hechas por el hombre. En un ejemplo reciente, los científicos estudiaron la capacidad de los geckos de trepar por superficies lisas. Ese fenómeno inspiró a la NASA a desarrollar un material con cabellos sintéticos cortos que le permiten permanecer pegajoso incluso después de muchos usos.

Investiga otra tecnología que haya sido inspirada en la naturaleza. Usa la investigación para crear un cartel, una exposición visual o una imagen electrónica que explique la tecnología. Presenta lo que descubriste al resto de la clase.

☐ Conexión con las ciencias físicas

El diseño de una catapulta Las catapultas se han usado durante mucho tiempo para lanzar objetos usando la fuerza. Se deben considerar diversas variables al lanzar un objeto con una catapulta, como el peso, la fuerza, la velocidad y la distancia. Los ingenieros y los científicos deben comprender cómo actúan las fuerzas para realizar un lanzamiento exitoso.

Investiga el diseño de una catapulta. Crea una presentación multimedia que combine texto, sonidos e imágenes para explicar cómo funciona una catapulta y cómo se opera. Preséntala al resto de la clase.

Nombre: **Fecha:**

Completa el repaso para comprobar que entendiste el contenido de la unidad.

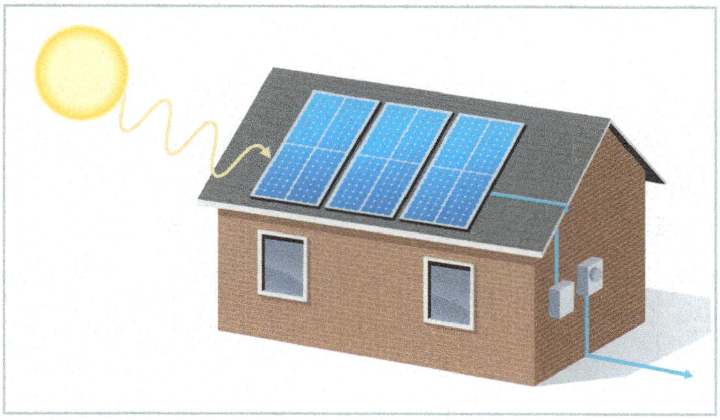

Observa la imagen de los paneles solares sobre el techo de la casa y responde la Pregunta 1.

1. Identifica las entradas y salidas del sistema.

La entrada / salida de este sistema es la luz solar.

La entrada / salida es la energía eléctrica.

Observa la gráfica y responde las Preguntas 2 a 4.

2. La gráfica muestra los cambios en las poblaciones de dos especies de organismos acuáticos del lago Michigan. ¿Qué tipo de sistema representa?

A. un sistema natural

B. un sistema de ingeniería

C. un sistema funcional

Población de organismos acuáticos en el lago Michigan.

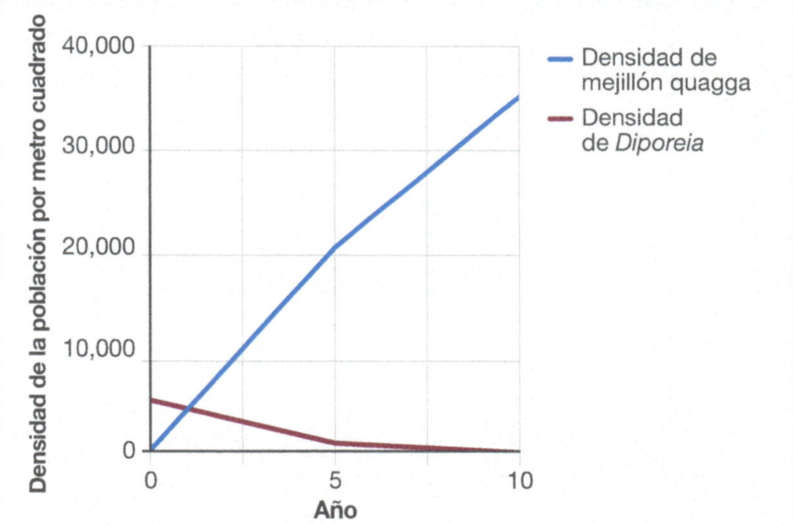

Fuente: Invasive Mussels and the Productivity of Lake Michigan, NOAA Great Lakes Environmental Research Laboratory

3. *Diporeia* es un organismo nativo del lago Michigan, parecido al camarón. El mejillón quagga es una especie introducida que fue llevada al lago. ¿Qué especie podría considerarse una nueva entrada al sistema al principio del eje temporal de la gráfica?

A. *Diporeia*

B. mejillones quagga

C. mejillones quagga y *Diporeia*

4. La cantidad de *Diporeia* en el sistema disminuyó mientras que la entrada de los mejillones quagga aumentó. ¿Qué harías para aumentar la población de *Diporeia*?

A. aumentar la entrada de mejillones quagga

B. disminuir la entrada de mejillones quagga

C. no modificar la entrada de mejillones quagga

5. Completa la tabla con al menos un ejemplo que indique cómo se relacionan estos temas de la ingeniería y de las ciencias con los siguientes conceptos.

La ingeniería y las ciencias	La energía y la materia	Estabilidad y cambio	Causa y efecto
Sistemas naturales	La energía y la materia pueden ser tanto entradas como salidas en los sistemas naturales. Las plantas convierten la entrada de energía del sol en materia, y de esa manera crecen.		
Sistemas de Ingeniería			
El impacto humano en la naturaleza			

Nombre: **Fecha:**

Observa el diagrama del proceso de producción de un lápiz y responde las Preguntas 6 a 9.

El proceso de producción de un lápiz

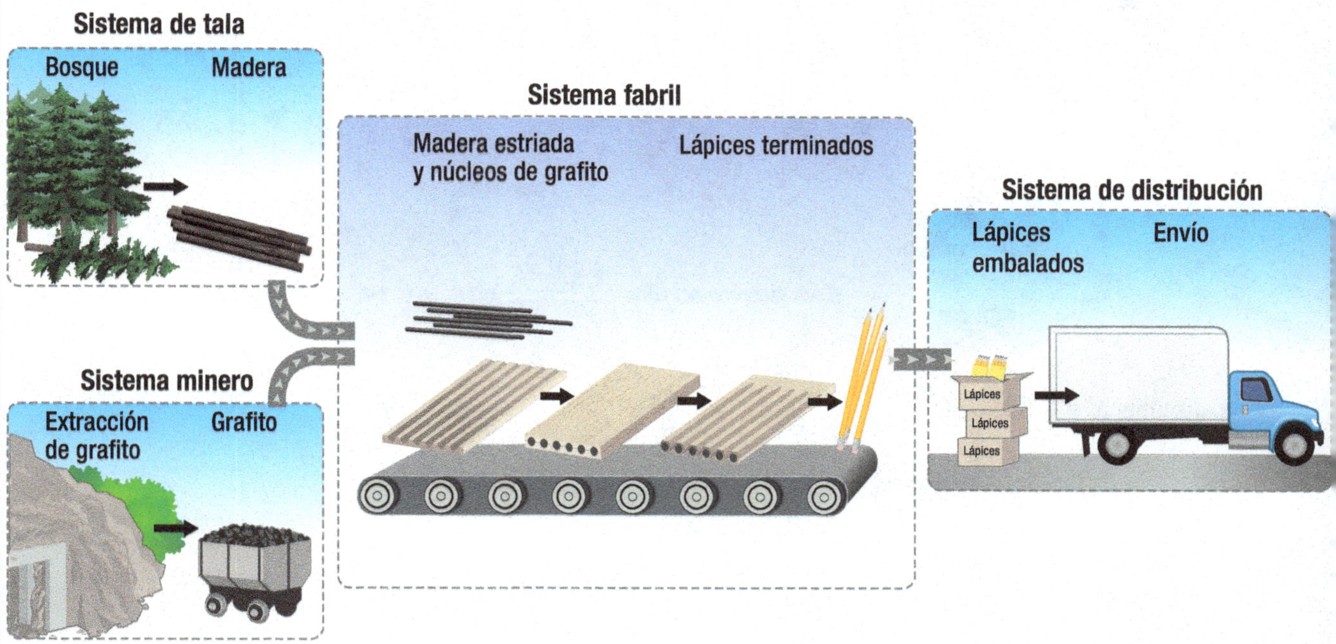

6. Los lápices se fabrican en un sistema fabril. Según el diagrama, ¿cuáles son las entradas, las salidas y las fronteras de este sistema durante el proceso de producción?

7. ¿Qué otros sistemas fuera de la fábrica participan en el proceso de producción del lápiz? ¿Cuáles son las entradas y las salidas de esos sistemas?

8. ¿Cómo se relacionan las entradas y las salidas del sistema fabril con las entradas y las salidas de los otros sistemas? ¿Cómo afectaría a los otros componentes del sistema disminuir la cantidad de madera disponible?

9. El lápiz es un instrumento que se ha mejorado con el tiempo por medio del proceso de diseño de ingeniería. ¿De qué manera cumplen las características de diseño de un lápiz con los criterios y las restricciones de un instrumento para escribir? ¿Cómo se podría mejorar?

Observa el diagrama del proceso de diseño web y responde las Preguntas 10 a 12.

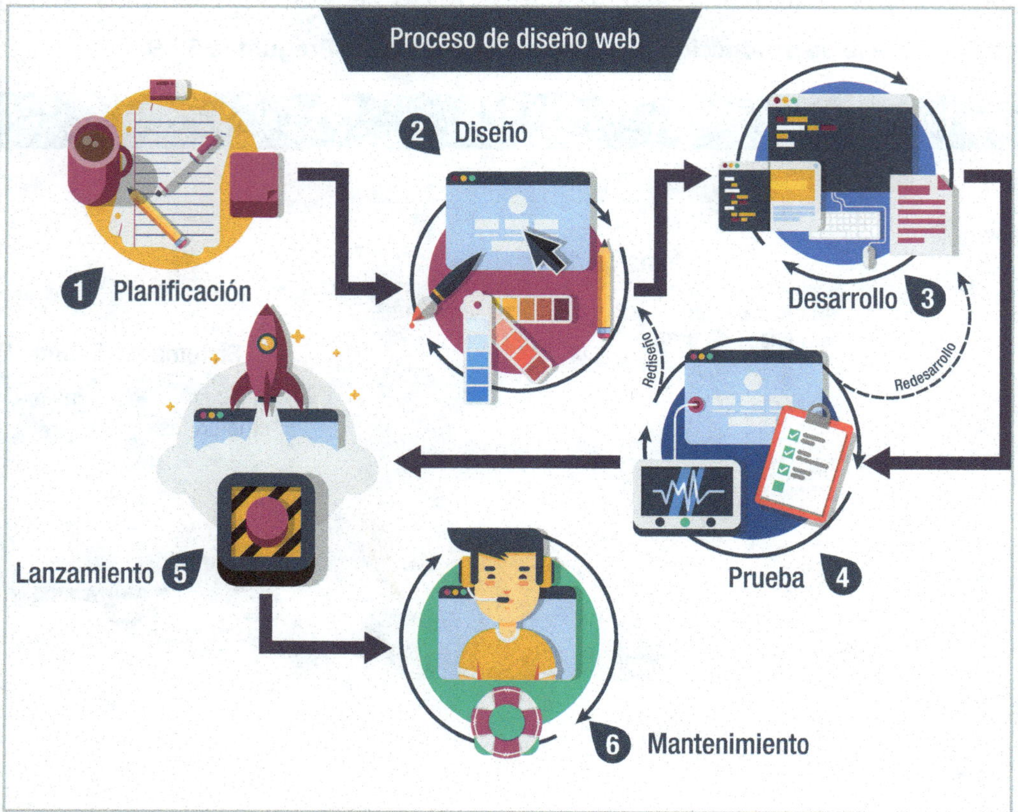

10. Recuerda los pasos del proceso de diseño de ingeniería. Compara y contrasta las similitudes y las diferencias entre las etapas del proceso de diseño web y las del proceso de diseño de ingeniería.

11. ¿En qué etapa del proceso de diseño web sería más probable volver a planear con críticas que sirvan para mejorar el diseño? ¿Qué etapa del proceso de diseño web se parece más a la etapa del proceso de diseño de ingeniería en la que se implementa la solución?

12. Tanto el proceso de diseño de ingeniería como el proceso de diseño web requieren que los equipos de diseño vuelvan a etapas anteriores e incorporen cambios mientras trabajan. ¿Por qué hay muchas iteraciones de la solución en estos procesos de diseño?

Nombre: **Fecha:**

¿Cuál es la mejor solución para filtrar el agua en una ciudad?

El suministro de agua de un pueblo en un país en vías de desarrollo no es apto para el consumo debido a la contaminación bacteriana. A tu equipo le encargaron evaluar dos sistemas de purificación para proporcionar agua potable. Identifica y recomienda qué diseño resuelve mejor el problema.

Filtro de gravedad

En este diseño, la gravedad extrae el agua de un gran tanque de arcilla a través de unos filtros con pequeños poros que eliminan las bacterias. Este diseño se puede usar para proporcionar suficiente agua limpia para toda una familia.

Pajillas con filtro

Estos tubos contienen fibras que atrapan las bacterias a medida que pasa el agua. Este diseño les permite beber libremente, succionando el agua limpia mientras pasa a través de las fibras.

Los pasos que están a continuación te ayudarán a investigar y a desarrollar tu recomendación.

Ingeniería

1. **Define el problema** Escribe un enunciado que defina el problema que te encargaron resolver. ¿Cuáles son los criterios y las restricciones presentes en la elección del método de filtración de agua?

Ingeniería

2. **Realiza una investigación** Identifica las posibles consecuencias sociales y ambientales de cada solución de diseño. Describe los puntos fuertes y los puntos débiles de las soluciones según estos factores.

3. **Evalúa los datos** Analiza la capacidad de cada diseño de satisfacer los criterios y las restricciones del problema. ¿Es una de las soluciones más útil que la otra? ¿Qué método de purificación ayudará a la mayoría de las personas de la comunidad?

4. **Identifica y recomienda una solución** Haz una recomendación basada en tu investigación. ¿Qué diseño debería usar la ciudad? Explica tu razonamiento.

5. **Comunica** Presenta tu decisión a la comunidad. Tu argumento debe presentar evidencias que demuestren cuál diseño satisface mejor los criterios y las restricciones especificadas, así como los puntos fuertes y los puntos débiles del diseño. Describe una situación en la que la solución alternativa pueda resultar más útil.

Autorrevisión

	Identifiqué claramente el problema junto con los criterios y las restricciones del problema.
	Investigué los puntos fuertes y los puntos débiles de la solución de diseño.
	Mi solución se basa en las evidencias reunidas en mi investigación.
	Comuniqué mi recomendación claramente a otros.

La práctica de la ingeniería

Este carro propulsado por cohetes se desarrolló y diseñó para una velocidad optimizada. Cada año muchas personas se reúnen en el desierto de Black Rock, en Nevada, para observar cómo carros similares a este baten el récord mundial de velocidad sobre tierra.

Los ingenieros aplican el conocimiento científico para investigar, diseñar soluciones y optimizar diseños. Las prácticas de la ingeniería se usan para desarrollar y mejorar tecnologías como la solar, la eléctrica, la recreativa e, incluso, la de carros acuáticos. En esta unidad aprenderás sobre cada fase del proceso de diseño de ingeniería y participarás tú mismo de ese proceso.

Por qué es importante

Aquí tienes algunas preguntas para ir pensando a lo largo de la unidad. ¿Puedes responder alguna de estas preguntas ahora? Vuelve a leer las preguntas al final de la unidad para aplicar lo que aprendiste.

Preguntas	Notas
¿Cuándo has visto el proceso de diseño aplicado a una situación de la vida real?	
¿Qué instrumentos para la toma de decisiones usas en tu vida diaria?	
¿Cuándo has tenido que redefinir un problema o modificar el diseño de una solución en tu vida?	
¿Qué ejemplos de optimización del diseño puedes observar en tu vecindario?	
¿Por qué es importante definir un problema de forma clara y precisa?	
¿Por qué una lluvia de ideas con otras personas nos permite encontrar mejores soluciones?	

Para comenzar: Identificar los criterios y las restricciones

Los criterios y las restricciones son consideraciones importantes a la hora de definir problemas y necesidades. Analiza la invención de la pelota sonora. Permite que las personas con discapacidades visuales puedan jugar al béisbol. En este juego, la pelota emite un pitido. Los jugadores escuchan el pitido para atrapar la pelota.

1. Identifica cada punto de decisión y escribe sobre la línea si se trata de un criterio o de una restricción.

A. La pelota debe emitir un pitido de al menos 50 decibelios. ______________

B. La pelota debe funcionar con una batería de 9V. ______________

C. La fabricación y la distribución de la pelota no debe costar más de $5. ______________

D. La pelota debe pesar entre 100 y 200 gramos para que el pitido se emita de acuerdo a las reglas del juego. ______________

E. La pelota debe cumplir con las normas de seguridad de los productos de consumo. ______

F. La pelota debe tener una circunferencia de 16 pulgadas. ______________

G. La pelota debe poder encenderse y apagarse. ______________

Proyecto de la unidad

Para planear el proyecto de esta unidad, conéctate y descarga la Planilla de proyectos.

Es tiempo de carreras

Los equipos necesitan competir con sus carros de una manera confiable. Planea un método para poner a prueba la velocidad y durabilidad de los carros. Luego, diseña una pista que minimice la fricción sobre los ejes de las ruedas, maximice la velocidad de los carros y a la vez los mantenga alineados en la pista.

Definir problemas de ingeniería

Las catapultas eran armas medievales diseñadas para arrojar objetos que pesaran 100 kilogramos a una distancia de hasta 300 metros. Este diseño se basó en la tirachinas.

Al final de esta lección...

podrás explicar la importancia que tiene definir con precisión los problemas de ingeniería antes de desarrollar soluciones.

Conéctate para ver la versión digital de la Práctica de laboratorio de esta lección y descargar recursos adicionales.

¿PUEDES EXPLICARLO?

Si quieres hacer una casa en el árbol, ¿por qué es importante el propósito a la hora de diseñarla y construirla?

Antes de comenzar a construir una casa en el árbol, debes determinar qué diseño estructural cumple con el propósito que necesitas y qué recursos estarán a tu alcance.

1. ¿Cuáles son algunas preguntas que debes hacerte a la hora de planear y diseñar de tu casa en el árbol?

2. ¿"Tener acceso a un árbol", ¿es un factor importante a la hora de planear y construir una casa en el árbol? ¿Por qué? Explica tu respuesta.

CUADERNO DE EVIDENCIAS Mientras trabajas con la lección, reúne evidencias para explicar por qué es importante que los ingenieros definan con precisión los problemas de diseño.

Resolver un problema de diseño

Los ingenieros usan principios y conocimientos científicos para abordar problemas prácticos. El proceso de ingeniería comienza con la identificación de un problema, una necesidad o un deseo. Los científicos e ingenieros trabajan para desarrollar y diseñar una solución al problema. Los problemas de ingeniería pueden ser pequeños, como el diseño de una nueva clase de bolígrafo, o más grandes, como el diseño y la construcción de una nave espacial para explorar Marte. La solución puede ser un objeto, un proceso o incluso un sistema en el que intervienen muchas herramientas y procesos.

Las fogatas encendidas en lugares cerrados liberan partículas dañinas, como hollín o monóxido de carbono. Las personas que están en ese lugar inhalan estas partículas, que pueden causar enfermedades.

La ingeniería comienza con un problema, un deseo o una necesidad

Una situación que genera problemas de salud en países en vías de desarrollo es la manera en que las personas cocinan la comida y calefaccionan los hogares. En muchos países en vías de desarrollo, las personas cocinan la comida en fogatas o estufas abiertas dentro de sus hogares. Estas estufas habitualmente no tienen buena ventilación, lo que provoca que el combustible no se queme por completo. Las fogatas y las estufas no suelen tener chimeneas o conductos para eliminar el humo de los hogares. Las personas que viven en la casa están expuestas al humo y los gases provenientes del fuego. Los gases, el humo y el hollín del fuego causan enfermedades y ocasionan la muerte de millones de personas todos los años. Es necesario encontrar maneras prácticas de reducir esta exposición perjudicial. Todos los años podrían salvarse millones de vidas. Este es un ejemplo de una necesidad que podría resolverse con una solución de ingeniería.

3. **Comenta** Observa la foto con atención. ¿Qué necesidades observas en la foto? ¿Cuáles son los potenciales problemas de salud? Identifica las necesidades y los problemas potenciales que le servirían a un ingeniero para desarrollar una manera segura de satisfacer las necesidades y evitar los problemas.

Las preguntas ayudan a definir los problemas de ingeniería

Para desarrollar una solución, primero es necesario definir cuidadosamente el problema de ingeniería. Los ingenieros se hacen preguntas sobre las necesidades. Luego, realizan una investigación para definir con precisión el problema de ingeniería. Por ejemplo, el uso generalizado de fogatas y estufas abiertas en los países en vías de desarrollo causa millones de muertes todos los años por la exposición al humo y a los gases de combustión. Este problema de salud masivo solo puede abordarse si se identifican con precisión las partes de los sistemas sociales y físicos en los que se da el problema o la necesidad. Las preguntas que ayudan a desarrollar una solución también identifican los sistemas en los que existe el problema, entre otros:

- los individuos o los grupos que necesitan que el problema se solucione
- los asuntos científicos pertinentes al problema
- los impactos potenciales de las soluciones en el medio ambiente y la sociedad
- la rentabilidad del proceso de diseño y la disponibilidad de recursos
- las realidades económicas de las personas para las que se diseñará la solución

Problemas con fogatas y estufas

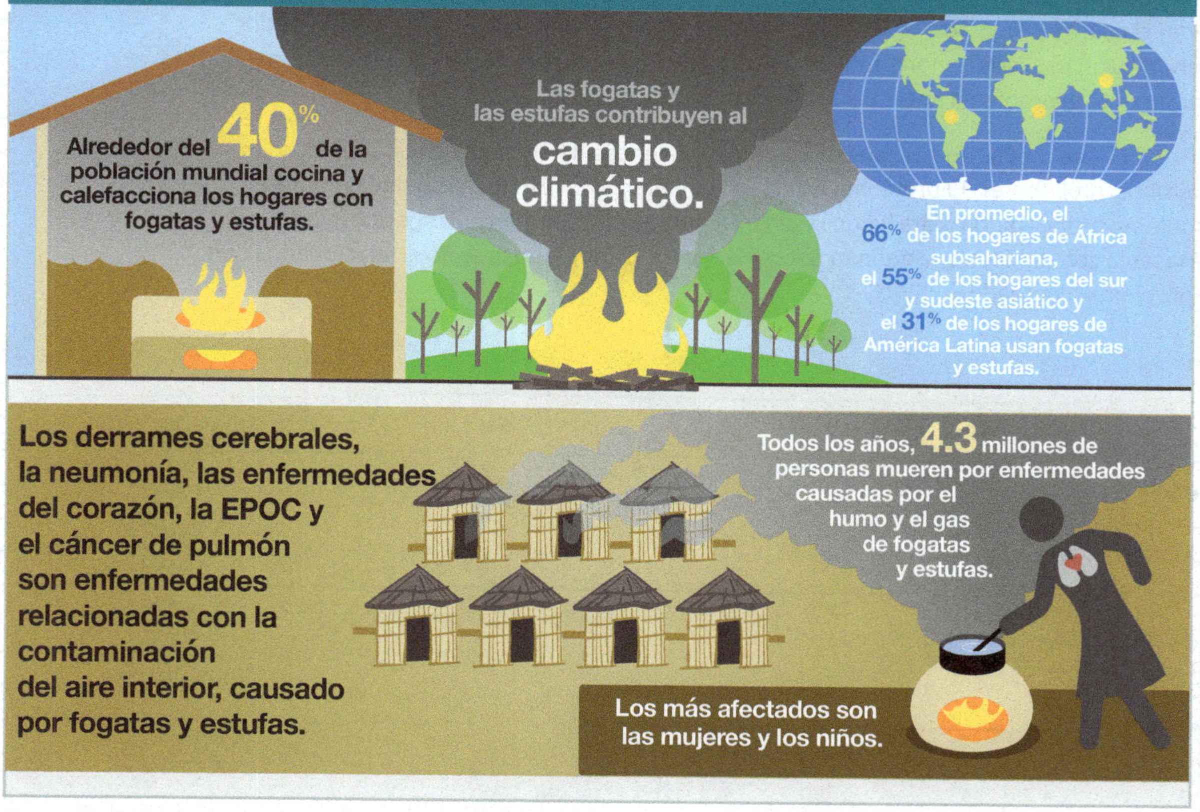

Fuente: Centro de prensa de la Organización Mundial de la Salud, *Household Air Pollution and Health* Fact Sheet. Consulta realizada el 5 de enero de 2016.

4. ¿Qué preguntas ayudarían a definir este problema? Elige todas las respuestas correctas.

A. ¿Por qué causan problemas de salud las fogatas en los hogares?

B. ¿Qué tipos de construcciones suelen tener fogatas?

C. ¿Qué tratamientos existen para las enfermedades causadas por fogatas y estufas?

D. ¿Cuáles son los ingresos de las familias que usan fogatas en sus hogares?

5. **Dibuja** El problema de ingeniería relacionado con las fogatas en lugares cerrados puede representarse como un sistema. Ilustra el problema de las fogatas en lugares cerrados como un sistema. No olvides agregar los componentes, los procesos, las entradas y las salidas de este sistema.

Artes del lenguaje

Describe el problema con precisión

Imagina que quieres diseñar un teléfono inteligente para adultos mayores. Este es un problema de menor escala que modificar el diseño de la manera en que millones de personas alrededor del mundo cocinan y calefaccionan sus hogares. Pero, de todos modos, hay que definir detalladamente el problema antes de diseñar una solución.

6. En la siguiente tabla, cada problema identifica una necesidad o deseo en relación con los teléfonos inteligentes. El problema explicado con precisión brinda más detalles sobre el problema de ingeniería, para luego diseñar una solución. Completa las secciones en blanco de la tabla con detalles que definan necesidades o deseos más específicos relacionados con el problema planteado.

Problema planteado	Problema explicado con precisión
Desarrollar un teléfono que pueda ser usado por adultos con necesidades especiales.	Desarrollar un teléfono que pueda ser usado por personas con discapacidades visuales o auditivas.
Desarrollar un teléfono más ecológico.	Desarrollar un teléfono que contenga al menos un 25% de materiales reciclados.
Desarrollar un teléfono que cuente con una cámara.	
Desarrollar una manera de proteger el teléfono para que no se dañe	
Desarrollar un teléfono económicamente accesible.	

Definir problemas con precisión

Para que una solución de ingeniería sea útil, primero hay que definir el problema con precisión. Imagina que debes diseñar un paraguas para que las personas no se mojen cuando caminan bajo una lluvia ligera. El diseño del paraguas debe tener en cuenta la necesidad de que la lluvia no caiga sobre la cabeza de una persona. También debe permitir que la persona pueda llevar otras cosas al mismo tiempo. Con esto en mente, los criterios de diseño podrían incluir que el paraguas sea liviano. Por lo tanto, el paraguas debe estar hecho de materiales livianos e impermeables. Los criterios que definen el diseño de este paraguas no necesariamente pueden aplicarse al diseño de todos los paraguas. Piensa por qué los criterios para una sombrilla o para un paraguas que sea resistente al granizo pueden ser diferentes.

Los paraguas y otros artículos para la lluvia, para ser útiles, deben satisfacer necesidades específicas de los usuarios.

7. ¿Cuál de los siguientes requerimientos tendrías en cuenta a la hora de diseñar un paraguas que deba mantener seca a una persona debajo de la lluvia? Elige todas las respuestas correctas.

A. tela impermeable o a prueba de agua

B. tela colorida y estampada

C. tela opaca

D. materiales livianos

CUADERNO DE EVIDENCIAS

8. ¿En qué se diferenciaría el planteo preciso del problema de diseño de ingeniería de una casa en el árbol para niños de seis años del de una casa en el árbol para adolescentes? Anota las evidencias.

Las necesidades específicas y las limitaciones definen los problemas de ingeniería

Las calles iluminadas de una ciudad son mucho más seguras que las calles oscuras. Hasta que no se desarrollaron las lámparas de gas a fines del siglo XVIII, se utilizaban lámparas de aceite o queroseno para iluminar las calles y los caminos. Entonces, las lámparas de gas fueron una mejora. Sin embargo, las lámparas de gas causaban incendios y explosiones. Además, la luz de estas lámparas no era muy brillante y no podía iluminar grandes áreas. Muchas lámparas de gas fueron reemplazadas por lámparas de arco de carbón. Estas luces usaban un electrodo de carbón que hacía que la luz fuese muy brillante. Las colocaron por encima de las calles. Desafortunadamente, las lámparas de arco necesitaban mucho mantenimiento para que funcionaran bien.

La invención del foco incandescente mejoró la tecnología de la iluminación exterior. Tanto las farolas como las señales luminosas de tránsito usaban estos focos. Hoy en día, las farolas y las señales luminosas usan con frecuencia diodos emisores de luz (LED). Tienen más eficiencia energética. Duran mucho más que los focos incandescentes. Todos los nuevos diseños de farolas fueron desarrollados para satisfacer las necesidades cambiantes de las personas. Además, se hicieron modificaciones en los diseños a medida que fueron surgiendo nuevos recursos.

Muchos criterios del problema de ingeniería sobre la iluminación de las calles de las ciudades no han cambiado en más de 100 años. Las calles todavía necesitan estar "bien iluminadas". Sin embargo, las restricciones de hoy en día pueden ser diferentes.

Criterios

Los ingenieros suelen comenzar con la definición de un problema. Para definirlo, hablan con las personas que lo experimentan y que, también, usarán la solución. También observan la tecnología que se está usando para analizar cómo pueden mejorarla y cómo otras personas han resuelto problemas similares en el pasado. Las mejoras en el alumbrado público, por ejemplo, se produjeron porque los ingenieros eléctricos hablaron con las personas sobre la necesidad de una buena iluminación y observaron los problemas que había con la tecnología de iluminación que se estaba usando. Los ingenieros desarrollaron criterios para definir el problema. Los **criterios** son las características deseables de una solución. Los criterios del problema del alumbrado público incluían que las luces fueran lo suficientemente brillantes para iluminar un área grande, fáciles de mantener y relativamente económicas. Se desarrollaron nuevas tecnologías de iluminación que cumplieron con estos criterios y, con el tiempo, reemplazaron a las tecnologías anteriores.

Restricciones

Los límites en el diseño de una solución se llaman **restricciones**. Las restricciones suelen tener un valor o límite, por ejemplo, "la fabricación no puede costar más de $10" o "debe soportar la fuerza de la colisión de un carro a 55 kilómetros por hora". Las restricciones también pueden ser factores limitantes como la disponibilidad de materia prima, las leyes de la física o los conocimientos científicos del momento. Si el diseño de una solución no cumple con las restricciones, resulta inaceptable o inutilizable. Por ejemplo, cuando se inventaron los focos incandescentes, no se usaron de inmediato en las calles. No podían usarse hasta que se desarrollara un sistema que suministrara energía eléctrica a cada cuadra de la ciudad. La falta de una fuente de energía segura fue una restricción. Otras restricciones pueden ser las limitaciones de tiempo, el costo de los materiales y las cuestiones sobre el medio ambiente. Si definimos con precisión los criterios y las restricciones del problema, aumentaremos las posibilidades de encontrar una solución exitosa.

9. Imagina que debes diseñar las farolas de tu ciudad. La siguiente tabla muestra los criterios que debe satisfacer la solución. Ordena los criterios según la importancia que tienen para tu problema de diseño de tal forma que puedas diseñar el mejor alumbrado público; 1 es lo más importante y 6 es lo menos importante. Compara el orden de tus criterios con el de tus compañeros. Comenta los motivos del orden de tus criterios.

Criterios	Orden de importancia
Las luces deben iluminar todas las áreas de la calle.	
Las luces deben tener una relación apropiada de costo-beneficio.	
Las luces no deben encandilar a los conductores.	
Los postes de luz deben estar hechos de materiales fuertes y resistentes.	
Las luces deben estar hechas de materiales seguros para el medio ambiente.	
Las luces deben tener un estilo antiguo para combinar con los edificios de la ciudad.	

10. El alumbrado público se desarrolló originalmente para mejorar las condiciones de seguridad pública. Establece la importancia de los criterios de la tabla en relación con la seguridad pública. Explica tu razonamiento.

Redefinir los criterios y las restricciones

¿Qué ocurre si cambias el problema? Cuando lo haces, debes definir nuevos criterios y restricciones. Este ciclista usa un paraguas para que no lo moje la lluvia. Piensa en los criterios y las restricciones que se usaron para diseñar el paraguas. El paraguas fue una buena solución de diseño. ¿Funciona la misma solución para que un ciclista no se moje mientras pedalea? Piensa cómo definir los criterios y las restricciones de este problema. La solución debe mantener seco y seguro al ciclista cuando pedalea bajo la lluvia.

11. Imagina que lideras un equipo de diseño que trabaja en las diferentes formas de mantener secos a los ciclistas bajo la lluvia. Un paraguas tradicional no resulta del todo seguro. Tu primera tarea consiste en hacer una lista de al menos tres criterios y tres restricciones que le permitirán a tu equipo de diseño plantear el problema antes de comenzar a desarrollar una solución.

Criterios	Restricciones

12. Escribe un problema de ingeniería definido con precisión para buscar una solución de diseño que proteja a los ciclistas de la lluvia. Usa los criterios y las restricciones que estableciste anteriormente.

Investigar para definir problemas de ingeniería

Las carreras de carros impulsados por la gravedad son un evento anual que se lleva a cabo en diferentes lugares de los Estados Unidos. En estas carreras, carros elegantes y sin motor compiten cuesta abajo. Los conductores compiten unos con otros o contrarreloj. Los carros no tienen motores, pero pueden alcanzar velocidades de hasta 56 kilómetros por hora (35 millas por hora). Estas carreras comenzaron en los Estados Unidos a mediados de 1930 y solo podían participar conductores hombres. Desde 1971 también compiten mujeres. Cualquier persona que tenga entre 7 y 20 años puede competir en estas carreras anuales. Los participantes tienen el desafío de construir el carro más rápido, lo que resulta un buen ejemplo para ilustrar la necesidad de definir con precisión un problema de ingeniería.

Imagina que competirás en una carrera de carros impulsados por la gravedad. Usarás el proceso de diseño de ingeniería para definir el problema de ingeniería y luego diseñar una solución.

El diseño de carros impulsados por la gravedad ha cambiado a lo largo del tiempo. La disponibilidad de diferentes materiales y las cuestiones de seguridad son solo dos de los factores que influyen en el diseño.

13. La investigación te permitirá identificar cómo se trató este problema en el pasado. Tu meta es construir el carro más rápido para la pista indicada. Primero, identifica las preguntas que tienes que responder para poder definir con precisión el problema de diseño al que te enfrentas. Luego, establece qué información y datos necesitarás para planear los pasos siguientes del proceso de diseño.

Preguntas	Información y datos necesarios

Los problemas de ingeniería pueden reformularse

Una pregunta de ingeniería se basa en una investigación inicial. En ocasiones, sin embargo, surge nueva información que requiere que los ingenieros cambien, o reformulen, la pregunta de ingeniería. Esta nueva información puede significar que la pregunta deba reformularse y que se proponga una nueva solución.

Cuando los criterios o las restricciones cambian

La reformulación también puede ser necesaria cuando ocurre un cambio en los criterios o las restricciones de un problema. Por ejemplo, luego de investigar sobre los carros impulsados por la gravedad, es posible que descubras que los carros reciben puntaje tanto por el aspecto como por la velocidad. Este nuevo criterio requiere que reformules la pregunta. Un nuevo criterio, como el cambio en el ancho máximo del cuerpo del carro, implica que hay que reformular la pregunta de diseño. El problema de diseño cuenta ahora con diferentes dimensiones que afectan la cantidad de material necesario.

Es mejor reformular un problema de ingeniería en las primeras fases del desarrollo de la solución en lugar de hacerlo más tarde, después de iniciada la fase de prueba. Lo ideal sería definir el problema de ingeniería de tal forma que describiera el problema sin tener en cuenta ni el tiempo ni el costo. Pero normalmente no funciona de esta manera. Los ingenieros necesitan investigar sobre costos de producción, calendarios de trabajo, presiones del mercado, nuevos descubrimientos científicos y preferencias de los clientes antes de definir con claridad los problemas de ingeniería. Este tipo de investigación ayuda a identificar los criterios y las restricciones para lograr una solución exitosa.

Estos carros de carreras de madera se ven distintos unos de otros, pero todos fueron diseñados para cumplir con restricciones y criterios iguales para que la carrera sea justa.

14. Después de comenzar el diseño del carro impulsado por la gravedad, descubres que el peso máximo del carro ha cambiado. ¿Qué nueva información necesitas y qué cambios debes hacer a tu plan de diseño para que cumpla con los nuevos criterios?

CUADERNO DE EVIDENCIAS

15. Imagina que los materiales con los que planeaste construir el techo de la casa en el árbol ahora son más caros. ¿Sería necesario reformular el problema de ingeniería? Anota las evidencias.

Práctica de laboratorio

Diseña un modelo de carro, Parte 1

La construcción de un carro impulsado por la gravedad es un proyecto de ingeniería emocionante. A lo largo de varias lecciones, construirás un modelo de carro que te permitirá recrear los pasos del proceso de diseño de un carro sin motor.

El desafío consiste en construir un modelo de carro que recorra la mayor distancia posible cuando lo suelten y baje por una rampa de tres pies de largo con una inclinación de 30°. Para desarrollar una solución, debes pensar cómo los límites a los que te enfrentas, como la disponibilidad de materiales, el tiempo que tienes para encontrar la solución y los principios científicos, afectarán las soluciones disponibles.

Los criterios y las restricciones que definen tu problema de diseño son:

- La masa del carro no debe ser mayor a 120 g.
- El largo del carro no debe ser mayor a 15 cm.
- El ancho del carro no debe ser mayor a 7 cm.
- El carro debe tener 4.5 cm de distancia entre los ejes.
- El carro debe tener 1 cm libre por debajo de la carrocería.
- El carro debe hacerse únicamente con los materiales que te proporcione tu maestro.
- La carrocería del carro puede tener cualquier forma.
- El carro debe ser reutilizable.
- El carro debe tener cuatro ruedas.
- Deben usarse los ejes, la caja del eje y las ruedas que vienen en el kit.
- Los ejes, la caja del eje y las ruedas no pueden modificarse de ninguna manera.
- El único peso que puede agregarse al carro son las arandelas incluidas en el kit.
- Puede incluirse un modelo a escala del conductor hecho de papel.

MATERIALES

- cartón corrugado
- báscula digital
- cinta de medir
- arandelas (peso)
- pajillas para licuado
- tijeras
- cinta adhesiva
- ejes de madera (2)
- ruedas de madera (4)

Procedimiento

PASO 1 Los criterios son las características que debe tener la solución. Las restricciones son las limitaciones que deben tener en cuenta los diseñadores. ¿Cuáles son los criterios para este problema de diseño?

PASO 2 Identifica las restricciones del problema de diseño.

PASO 3 Explica con claridad el problema de diseño. ¿Cuál es la necesidad que se busca satisfacer?

PASO 4 Elige al menos tres formas distintas de carrocería para tu carro. Elige la que sea más probable que cumpla con tus criterios. Justifica tu decisión.

Análisis

PASO 5 **Práctica matemática** Como parte de tu diseño, haz un conductor de papel para colocar en el carro. El conductor debe estar hecho a escala, correctamente, respetando el tamaño del modelo. La longitud habitual de un carro sin motor real es de 1.2 m. El modelo del carro es de 14 cm de largo. Al centímetro más cercano, ¿qué altura debe tener el modelo del conductor para representar a un conductor de 1.67 m de altura?

PASO 6 ¿Por qué es importante definir el problema de diseño más precisamente en lugar de "diseñar un modelo de carro pequeño y rápido"? Justifica tu respuesta con lo aprendido sobre el proceso de diseño de ingeniería.

Reformulación de un problema de ingeniería

Si las reglas de la carrera cambiaran de tal forma que cada carro tuviera que tener tres ruedas en lugar de cuatro, deberías reformular el problema. El diseño debería cambiar la posición de las ruedas y la distribución del peso del carro.

16. Imagina que una estudiante quiere usar el mismo diseño de carro en una nueva competencia. Descubre que los requerimientos son diferentes. Para cada nuevo requerimiento, escribe la letra que indica el tipo de influencia que tendrá cada requerimiento en el modelo de diseño del carro.

A. Cambio en los criterios
B. Cambio en las restricciones

_____ El carro debe tener 2 cm libres por debajo de la carrocería.

_____ Puedes usar ruedas de plástico o de goma en el carro.

_____ Para evitar una intoxicación accidental, no puedes utilizar pesos de plomo en el diseño del carro.

Sigue explorando

Nombre: **Fecha:**

Fíjate en esta opción o conéctate y elige alguna de estas opciones.

Redefinir un problema de diseño

- **Aprender de los errores de diseño**
- **Busca una opción para ti.**

Conéctate y elige alguna de estas opciones.

El viento es una fuente de energía renovable porque se genera continuamente. Las turbinas eólicas usan el viento para producir energía eléctrica. En muchos lugares del mundo hay enormes turbinas con forma de molino en las crestas de las montañas, en las praderas extensas o cerca de las costas. En estos lugares bastante aislados, las construcciones no suelen interferir con la vida de las personas. Estas grandes turbinas no están diseñadas para el uso en áreas urbanas, ya que ocupan mucho espacio y requieren de fuertes vientos para que se muevan las paletas.

Ajustes para necesidades sociales y ambientales

¿Cómo usarías el diseño de ingeniería para desarrollar una nueva manera de aprovechar la energía del viento en una ciudad que cumpla con las restricciones de las necesidades urbanas? Una posible solución es el aerogenerador que se ve en la imagen. Este árbol artificial tiene "hojas" que son turbinas eólicas livianas. Los generadores eléctricos y los cables se encuentran dentro de las ramas y el tronco. El aerogenerador produce energía eléctrica silenciosamente, incluso con una brisa leve.

El empresario francés Jérôme Michaud-Larivière desarrolló el diseño luego de observar cómo hasta un viento suave movía las hojas de los árboles. Michaud-Larivière se preguntó si un dispositivo de energía eólica que se basara en pequeñas turbinas giratorias podría generar la suficiente energía para resultar útil en las ciudades. El diseño del aerogenerador produce relativamente poca energía, alrededor de 3.1 kW con brisas leves, en comparación con los 2.5 a 3 mW que producen las grandes turbinas terrestres tradicionales. Michaud-Larivière dijo que una calle equipada con aerogeneradores podría dar energía para el alumbrado público o compensar el uso energético de los edificios cercanos.

Sigue explorando

1. Explica, en términos de criterios y restricciones, por qué el diseño de una turbina eólica tradicional puede no ser apropiado para usarse en una ciudad.

2. Para que las mini turbinas funcionen correctamente, ¿cuáles de los siguientes criterios resultan importantes a la hora de elegir el material para la construcción?

   A. liviandad

   B. resistencia a rayos UV

   C. reciclado

   D. hojas de colores realistas

   E. atracción de insectos

   F. inoxidable

Las "hojas" de los aerogeneradores son pequeñas turbinas. Pueden moverse con brisas leves.

3. Práctica matemática El kilovatio (kW) es una medida de potencia. Los aerogeneradores tienen una potencia de salida de 3.1 kW. Las turbinas livianas con forma de hojas se mueven con brisas suaves. Una turbina eólica tradicional grande puede tener una potencia de salida de hasta 3 megavatios (mW), pero se necesitan vientos fuertes para moverla. Las enormes turbinas son máquinas más poderosas que el pequeño aerogenerador porque pueden hacer la misma cantidad de trabajo en un período de tiempo más corto.

¿Cuántos aerogeneradores se necesitarían para igualar la potencia de salida de cinco enormes turbinas? Recuerda que 1 megavatio equivale a 1000 kilovatios. Redondea tu respuesta al número entero más cercano.

4. **Colaborar** En equipo, aprendan sobre cómo los cambios en las leyes y cuestiones de medio ambiente y de salud han modificado la definición de los problemas de ingeniería a los que se enfrentan los ingenieros encargados de la infraestructura y del aprovechamiento de energía de las ciudades en la actualidad.

¿Puedes explicarlo?

Nombre: **Fecha:**

Si quieres hacer una casa en el árbol, ¿por qué es importante el propósito a la hora de diseñarla y construirla?

CUADERNO DE EVIDENCIAS

Consulta las anotaciones de tu Cuaderno de evidencias para definir el problema de ingeniería para construir una casa en el árbol.

1. Haz una afirmación. Asegúrate de que tu afirmación esté planteada como un problema de diseño claro y preciso.

2. Resume las evidencias que reuniste para justificar tu afirmación y explicar tu razonamiento.

Ejercicios de revisión

Responde las siguientes preguntas para comprobar si entendiste bien la lección.

Observa la foto y responde las Preguntas 3 y 4.

3. Se quitó la escalera de la casa en el árbol porque la madera se estaba pudriendo. Debes diseñar una nueva forma de entrar a la casa en el árbol. ¿Qué preguntas ayudarían a definir este problema de ingeniería? Elige todas las respuestas correctas.

A. ¿Cuánto pesan los usuarios de la casa en el árbol?

B. ¿Qué materiales e instrumentos puedo usar?

C. ¿Es la cuerda que sostiene el columpio de rueda lo suficientemente fuerte para que dos personas estén a salvo sobre el columpio?

D. ¿Existe alguna forma de cerrar la ventana para tener más privacidad?

4. Los siguientes enunciados se refieren al problema de ingeniería del diseño y la construcción de una nueva forma de acceso a la casa en el árbol. En los casilleros en blanco de la tabla, clasifica cada enunciado como un criterio, una restricción o ninguno de los dos.

Disponibilidad de herramientas y tablas de madera	
Deseo de quitar el acceso a la casa en el árbol después de entrar	
La casa en el árbol debe estar hecha de madera	
Disponibilidad de materiales para el techo	

Observa la foto y responde las Preguntas 5 y 6.

5. Las velas de la foto son una solución para un problema bien definido. ¿Qué problema resuelven las velas?

A. Dan calor a la habitación a la hora de la cena.

B. Iluminan la entrada a la habitación.

C. Iluminan la mesa del comedor sin el uso de electricidad.

D. Iluminan la mesa con la intensidad suficiente para leer un libro.

6. Hace ciento cincuenta años, la solución de esta foto era la mejor solución a la necesidad de tener luz por la noche. Hoy en día no es la mejor solución para el mismo problema de ingeniería. ¿Qué ha cambiado para que las velas de una mesa de comedor hoy satisfagan una necesidad diferente? Elige todas las respuestas correctas.

A. La mayoría de los hogares modernos cuentan con iluminación eléctrica.

B. Las luces eléctricas son más seguras y más convenientes.

C. La mayoría de los hogares modernos cuenta con tuberías internas.

Repaso interactivo

Completa la guía de estudio interactiva para repasar la lección.

Un problema de diseño de ingeniería establece una solución que satisfará una necesidad o un requisito humano.

A. ¿Por qué es importante identificar las preguntas correctas a la hora de desarrollar una solución para un problema de diseño de ingeniería?

Para desarrollar una solución útil para un problema de diseño, el problema debe establecer ciertas necesidades y limitaciones que deben cumplirse.

B. ¿Cómo se usan los criterios y las restricciones para establecer una solución precisa a un problema de diseño de ingeniería?

Investigar cómo se resolvieron problemas similares en el pasado puede ayudar a los ingenieros a definir con precisión problemas de diseño.

C. En ocasiones, el problema de ingeniería debe reformularse. ¿En qué casos un ingeniero puede tener que reformular un problema de diseño?

LECCIÓN 2

Idear soluciones y ponerlas a prueba

Thomas Edison no inventó el foco de luz incandescente, pero sí mejoró su diseño y lo hizo más práctico.

Al final de esta lección...

podrás explicar la práctica de idear soluciones y ponerlas a prueba para resolver problemas de ingeniería.

Conéctate para ver la versión digital de la Práctica de laboratorio de esta lección y descargar recursos adicionales.

¿PUEDES EXPLICARLO?

¿Cómo puedes idear y poner a prueba distintas soluciones para recuperar la cometa atrapada en un árbol?

¡Ay, no! Tu cometa favorita quedó atrapada en un árbol y su cuerda está enredada en las ramas. ¿Qué puedes hacer para recuperarla? Una solución práctica es la que sea segura para ti y mantenga a la cometa y al árbol lo más intactos posible.

1. Distingue entre los criterios y las restricciones de este problema. Recuerda que las restricciones son los límites que una solución debe respetar. Si una solución viola una restricción, entonces debe ser eliminada como opción.

2. ¿Cómo puedes idear soluciones y ponerlas a prueba para resolver este problema de ingeniería que plantea recuperar de modo seguro la cometa del árbol?

CUADERNO DE EVIDENCIAS Mientras trabajas con la lección, reúne información para idear soluciones que resuelvan un problema de ingeniería.

Idear soluciones

No siempre hay soluciones claras para un problema de ingeniería. Después de haber definido los criterios y las restricciones de un problema, los ingenieros hacen una lluvia de ideas para encontrar soluciones. Luego de la etapa de la lluvia de ideas, se tienen varios diseños que pueden cumplir con los criterios y las restricciones. Se ponen a prueba uno o dos de los diseños para verificar que sean válidos. Luego puedes modificar o combinar soluciones para idear una solución mejor.

Por ejemplo, imagina que tu clase está planeando un viaje al campo para estudiar el ecosistema de un riachuelo. Parte del estudio incluye analizar la calidad del agua del riachuelo utilizando equipos similares a los que se ven en la foto. La clase usará ocho equipos para el procedimiento. No es posible llegar en autobús directamente al riachuelo, por tanto, deberán trasladar el frágil equipo a pie. La distancia entre el estacionamiento del autobús y el riachuelo es de un cuarto de milla. Para idear una solución, habrá que definir este problema de transporte usando criterios y restricciones y luego priorizar los criterios.

Luego de identificar los requerimientos importantes del problema del transporte del equipo de pruebas, puedes hacer una lluvia de ideas y planificar las soluciones.

3. En una escala del 1 al 5, identifica la importancia de cada criterio del problema del transporte.

	Escala del 1 a 5
Debe ser sencillo para que un estudiante pueda usarlo, transportarlo o sostenerlo.	
No debe dañar el equipo electrónico.	
Debe ser reutilizable.	
Debe ser económico.	
Debe ser resistente para recorrer un sendero rocoso.	

4. Comenta Antes de realizar el viaje, la clase comenta las mejores opciones para trasladar el equipo. Un estudiante sugiere utilizar el carrito metálico del conserje. Pones a prueba esta idea y descubres que el equipo podría abollarse si se coloca en la base metálica del carrito. ¿Qué puedes hacer para solucionar este problema?

Hacer una lluvia de ideas para encontrar soluciones

Una manera de generar ideas es pensar en el problema con otras personas. Cuando trabajas con otras personas para pensar y generar ideas rápidamente, estás creando una **lluvia de ideas.** Puedes pensar ideas de diferentes maneras, pero lo más importante es sugerir tantas ideas como sea posible evitando los juicios acerca de cualquier sugerencia. El propósito de las sesiones de lluvia de ideas es identificar muchas soluciones posibles y luego elegir algunas para refinar. Algunas ideas resultarán inútiles, pero el proceso de lluvia de ideas no es el momento adecuado para resolver cuáles serán útiles y cuáles no. Pensar muchas ideas en general produce una solución mucho mejor que cuando se comienza con una sola idea. Considerar solo una opción desde el comienzo puede limitar la creatividad de la solución.

Las sesiones de lluvia de ideas pueden generar muchas ideas.

5. El fin de la lluvia de ideas es generar un número de soluciones posibles. ¿Cuáles son los enunciados que indican las ventajas de la lluvia de ideas frente a la opción de concentrarse en una sola solución inicial? Elige todas las respuestas correctas.

A. Si tenemos muchas ideas, hay más posibilidades de encontrar una solución viable.

B. Si el grupo de personas es más grande, se puede llegar a una solución más rápidamente.

C. Varias ideas diferentes pueden combinarse para encontrar una solución mejor.

D. Pueden surgir nuevas ideas a partir de las sugerencias de otros.

La importancia de tener la mente abierta

Durante las sesiones de lluvia de ideas, todas las ideas son valiosas. Sin embargo, las ideas propuestas en estas sesiones no serán completamente aleatorias. A medida que se sugieren soluciones posibles, es importante que los criterios y las restricciones se tengan en cuenta. Una restricción muy importante a cualquier solución es el presupuesto. Una solución que sugiera utilizar drones para trasladar el equipo hasta el riachuelo no es una solución posible. Sería muy costoso para la escuela afrontar ese gasto. Por otro lado, si cada estudiante ya tuviera su propio dron y además pudiera traerlo a la escuela, entonces el uso de drones sí sería una solución posible. Durante una sesión de lluvia de ideas, los participantes tienen incorporada información sobre problemas similares que solucionaron en el pasado. También pueden utilizar sus conocimientos de principios científicos y de leyes relacionadas con el problema y las soluciones propuestas. Por ejemplo, hay varias leyes que restringen el uso de drones. Si su uso estuviera prohibido en la zona donde se realizará el viaje escolar, entonces esa solución no sería posible aun cuando la escuela pudiera afrontar el gasto de usarlos.

La importancia de la investigación de antecedentes

Con el fin de encontrar la mejor solución de diseño para un problema de ingeniería, también hay que investigar. Si se va directamente a la lluvia de ideas sin investigar soluciones que ya están disponibles o cómo se resolvieron en el pasado problemas similares, se trabaja de más y se pierde tiempo. Tal vez ya exista parte de la solución. Si investigas el problema, sabrás cuáles son los antecedentes. En ocasiones, investigar los antecedentes sirve para reformular el problema y enfocarlo mejor. A menudo la investigación de una solución continúa luego de que las opciones se hayan generado en la lluvia de ideas.

Usa instrumentos de toma de decisiones

Algunas de las soluciones de la lluvia de ideas pueden estar desconectadas de los criterios del problema, o quizás todas las soluciones concuerden con los criterios. Algunas soluciones pueden ser más efectivas o seguras que otras. Las soluciones posibles son evaluadas contra los criterios y las restricciones. Las soluciones menos efectivas son rechazadas y las soluciones que quedan se refinan.

Las soluciones posibles deben respetar las restricciones del problema. Si una solución no respeta una restricción, hay que eliminarla. Por ejemplo, rentar un teléfono satelital para enviar la información desde el campo hasta tu hogar estará fuera de tu presupuesto. Pero para un equipo de investigación embarcado en alta mar, un teléfono satelital podría ser la mejor opción para estar en contacto con otros.

Matriz de decisiones

Son varios los instrumentos de toma de decisiones que pueden servirte para elegir entre las soluciones posibles y encontrar la mejor opción. Una **matriz de decisiones** es un instrumento que permite evaluar varias opciones a la vez. En una matriz de decisiones se asigna un número a cada criterio que califica su importancia en una solución de diseño exitosa. Por ejemplo, a los estudiantes se les pide que diseñen un recipiente para llevar sopa a la escuela para el almuerzo. Luego de una sesión de lluvia de ideas, pueden usar una matriz de diseño para calificar cada solución y ver cuál cumple mejor con los criterios. La matriz de decisiones que se muestra aquí abajo evalúa las soluciones propuestas para llevar la sopa a la escuela para el almuerzo. "No gotea" es el criterio más importante en la matriz de decisiones. Se le adjudicó una calificación de cinco puntos. Cuanto más alta sea la calificación, más importante será el criterio para una solución exitosa. Cada solución es calificada según su coincidencia con cada criterio. Los puntos se adjudican a cada solución hasta el índice máximo dado a un criterio. El resultado es una clasificación de las soluciones propuestas basada en la importancia de los criterios para una solución exitosa. La solución que obtiene la calificación más alta es la que mejor aborda el problema.

		Soluciones para un recipiente de sopa			
Criterios	**Calificación por criterios (1-5)**	**Recipiente plástico con tapa a rosca**	**Recipiente de poliestireno**	**Frasco de vidrio con tapa**	**Bolsa plástica con zíper**
Reutilizable	4	4	2	3	1
No gotea	5	5	3	4	2
Económico	4	2	4	1	4
Irrompible	3	3	2	1	1
Totales		14	11	9	8

6. ¿Cuál es la solución que mejor coincide con los criterios? Explica por qué la matriz proporciona información útil para evaluar la solución al problema.

CUADERNO DE EVIDENCIAS

7. ¿Debes identificar si coincide con exactitud cada solución propuesta con los criterios y las restricciones del problema al hacer la lluvia de ideas para recuperar la cometa del árbol? Anota las evidencias.

Intercambios

Decidir cuál es la mejor solución casi siempre implica hacer un intercambio. En el caso del mejor recipiente para llevar la sopa, el recipiente plástico con la tapa a rosca era la mejor solución. Pero el recipiente de poliestireno es más económico y es bastante hermético. Por lo tanto, puedes elegirlo porque será una opción mucho menos costosa para ti. Un intercambio implica prescindir de algo que te gusta por una solución que te brinda algo a cambio.

Análisis de riesgo-beneficio

El análisis de riesgo-beneficio es otro instrumento que los ingenieros usan a menudo para evaluar las opciones.

Un **análisis de riesgo-beneficio** compara los riesgos, o efectos desfavorables, de una solución, con los beneficios, o efectos favorables. Una solución que tiene mayores beneficios y menores riesgos es más ventajosa que otra con menores beneficios y mayores riesgos. Por ejemplo, las máquinas de rayos X son instrumentos que los médicos usan para ver dentro del cuerpo y así evaluar y diagnosticar problemas de salud. Sin embargo, cuando los rayos X pasan a través del cuerpo, pueden dañar células vivas. Los rayos X clínicos exponen a los pacientes a dosis muy bajas de radiación. El riesgo de daño a las células es considerado mucho menor que el beneficio de ser capaces de diagnosticar problemas de salud.

Selecciona soluciones prometedoras

8. Has dibujado una matriz de decisiones que sirve para evaluar cómo cumplen algunas soluciones con los criterios del problema: "¿Qué objeto es mejor para llevar a la playa y sentarse en él?". En la matriz de decisiones se escriben cinco criterios y cuatro soluciones. Tu próximo paso es clasificar la importancia de cada criterio para llegar a una solución exitosa. Luego, completa la matriz adjudicando puntos a cada solución basándote en cuánto se acerca cada una a cada criterio.

		Soluciones			
Criterios	Calificación por criterios (1-5)	Silla plegable de campamento	Flotador inflable	Toalla de playa	Silla metálica de patio
Económico					
Fácil de transportar					
Lavable					
Cómodo para sentarse					
Materiales impermeables					
Totales					

¿Cuál fue la "mejor" solución?

____

____

¿Qué tipo de intercambio necesitarías hacer si fueras a elegir la segunda opción mejor calificada? Explica tus respuestas.

____

____

Evaluar soluciones

Una matriz de decisiones sirve para evaluar soluciones posibles. Sin embargo, no brinda todas las respuestas para resolver un problema de diseño. La propuesta del recipiente de plástico con tapa a rosca para llevar la sopa a la escuela para el almuerzo es la solución que obtuvo mayor calificación. Esta podría ser la mejor manera de llevar la sopa a la escuela. Pero hay otras cosas que considerar antes de decidir si es la mejor opción. Muchas soluciones que parecen funcionar perfectamente en ocasiones no resuelven el problema. Una vez que se identificaron una o varias soluciones posibles para un problema, deben ser puestas a prueba para identificar si realmente se ajustan al criterio y las restricciones del problema. Poner a prueba varios tipos de recipientes plásticos con tapa a rosca, con capacidad para distintos volúmenes de líquidos, o que tengan distintos estilos de tapas, servirá para identificar la mejor solución para tu problema.

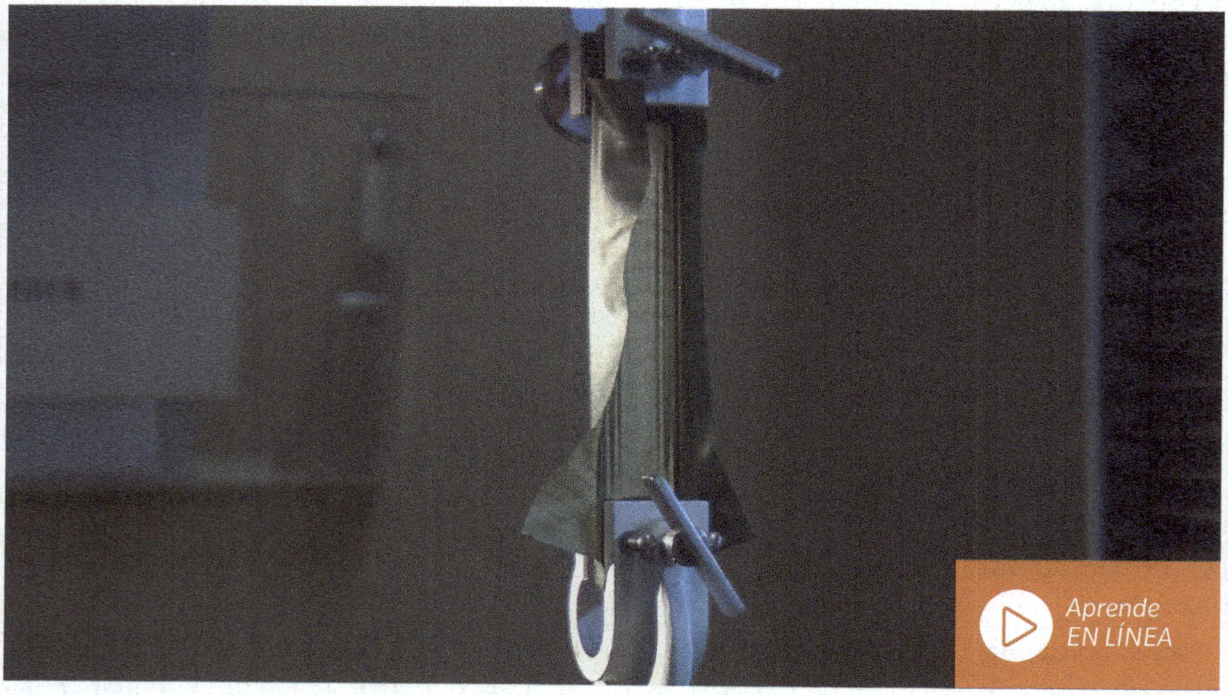

Existe una máquina de pruebas universal que se utiliza para poner a prueba la fuerza tensora y compresora de los materiales. Puede usarse aplicando fuerza tensora (tensión) o fuerza de empuje (compresión) sobre el material que se pone a prueba. Esta tela está sometida a una prueba de resistencia a la tensión.

9. Un equipo de ingeniería automotriz propone un nuevo revestimiento para los parabrisas. Está diseñado para que el agua fluya y se disperse por el parabrisas, sin usar las escobillas. Se han recomendado varios revestimientos distintos. ¿Por qué sería útil que el equipo ponga a prueba todas las propuestas antes de fabricar el nuevo parabrisas? Elige todas las respuestas correctas.

A. Poner a prueba los materiales sirve para que los ingenieros determinen cuál es la mejor opción.

B. Los ingenieros pueden usar los resultados de las pruebas para confirmar si los revestimientos funcionan en situaciones reales.

C. Las pruebas sirven para que los ingenieros descubran situaciones en las que los revestimientos funcionan mejor o peor de lo que predijeron.

D. Los ingenieros pueden usar las pruebas para obtener información acerca de cómo mejorar el desempeño de los revestimientos.

Poner a prueba soluciones

Al igual que los científicos, los ingenieros confían en la información recopilada para elaborar y defender conclusiones. El análisis de los resultados de las pruebas sirve para que los ingenieros identifiquen cuál es la mejor solución y si esa elección resuelve el problema. A fin de ser útil, una prueba debe medir una variable por vez. De esta manera, da información para evaluar la solución propuesta y en general conduce a mejoras en el diseño.

Algunas pruebas se pueden llevar a cabo usando la solución exactamente como se propone. Por ejemplo, puedes poner a prueba cuál es el mejor recipiente para llevar la sopa, usando los mismos recipientes. En ocasiones, sin embargo, la solución real no se puede poner a prueba directamente. Por ejemplo, los ingenieros que diseñan un gran puente colgante no pueden construir un puente y luego poner a prueba si el diseño es el correcto. En lugar de eso, construyen un modelo del puente. Un modelo de prueba se llama **prototipo.** Los ingenieros usan el prototipo durante el proceso de diseño para poner a prueba el diseño y hacer mejoras. Los prototipos son generalmente modelos físicos.

Pasos sistemáticos para idear y poner a prueba soluciones para problemas de ingeniería

La sección de "idear y poner a prueba soluciones" del proceso de diseño está resaltada en amarillo.

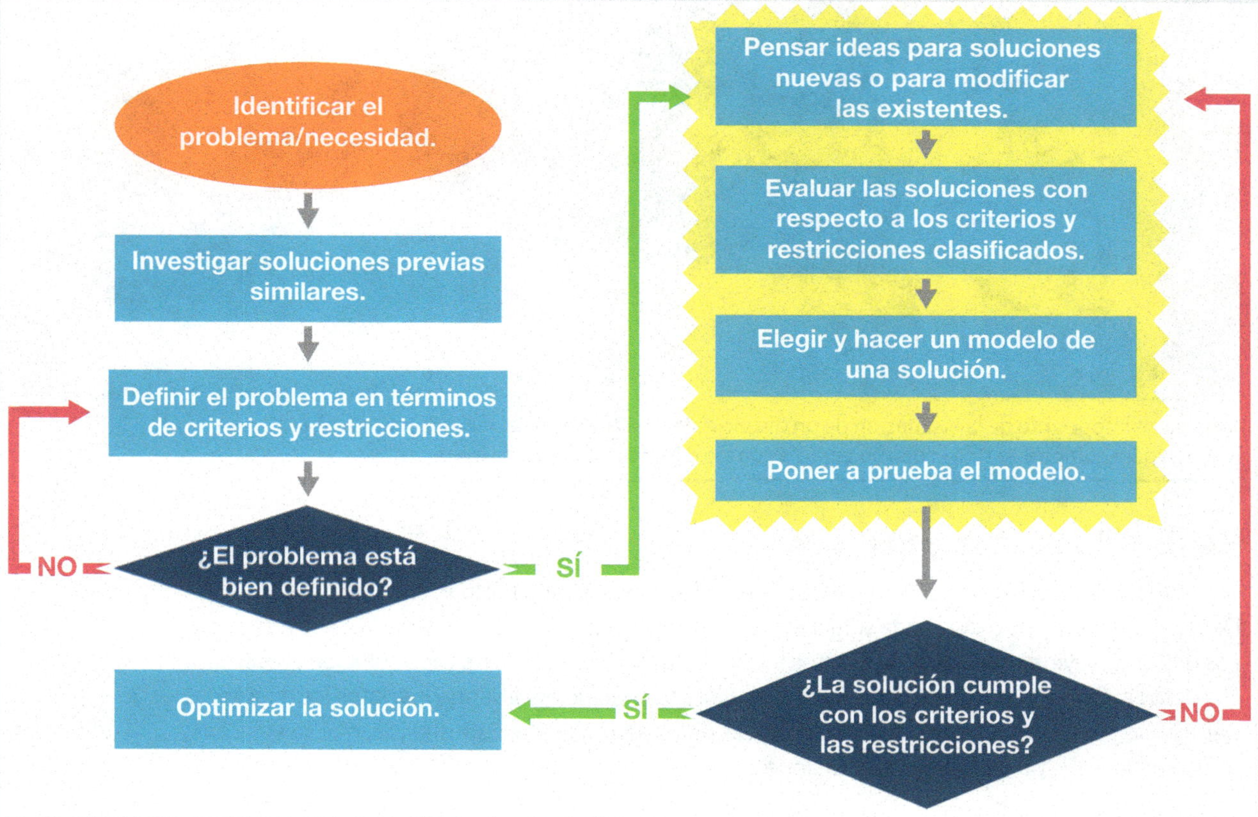

10. La matriz de decisiones puede usarse para reducir las soluciones. Con frecuencia dos o tres soluciones parecen igualmente prometedoras. Cuando eso sucede, es importante poner a prueba los mejores diseños y ver cuáles son los que más se ajustan a los criterios. ¿Por qué es importante que cada uno de los mejores diseños sea puesto a prueba del mismo modo?

Evaluar los datos de las pruebas

Una vez que los ingenieros han usado una matriz de diseño para identificar las dos o tres mejores soluciones, construyen prototipos para pruebas. Muchas pruebas aportan datos numéricos que pueden ser comparados matemáticamente. Cada aspecto de una solución puede ponerse a prueba, incluyendo el costo de los materiales y el tiempo que se necesita para implementarla. Estos estudiantes están poniendo a prueba el modelo de un diseño de paracaídas para saber cuánto tarda en caer desde el balcón. Quieren desarrollar un paracaídas que tarde el mayor tiempo posible en caer. Comparan datos de varias pruebas y de diferentes diseños para identificar la mejor solución.

Una parte importante de la evaluación de un diseño es la construcción del modelo y su puesta a prueba para comprobar que el diseño cumpla con los criterios y las restricciones.

Revisar los datos y el diseño

El propósito de la prueba es obtener datos que puedan usarse para evaluar las soluciones. Después de reunir los datos, cada solución se evalúa en función de los criterios y las restricciones. Los datos dan evidencias sobre los puntos fuertes y los puntos débiles de cada solución propuesta. Los datos también pueden indicar formas de mejorar una solución. Usando los datos los miembros del equipo pueden aportar críticas constructivas para cada solución. Este análisis, que se basa en la evidencia, sirve para mejorar las soluciones.

11. En ocasiones, las partes de distintas soluciones se pueden combinar para hacer una solución mejor. ¿Qué beneficio ofrece esto? Elige todas las respuestas correctas.

A. Permite que la mejor parte de cada solución se use en un diseño final.

B. Le da tiempo al equipo de diseño para redefinir el problema.

C. Permite a los diseñadores ajustar los diseños a las demandas del consumidor cada año.

D. Permite que se pueda desarrollar una solución mejor que las anteriores.

E. Permite que se ponga a prueba cada variable en cada modelo de prueba.

Práctica matemática

Evalúa los diseños del paracaídas

Un grupo de estudiantes está diseñando un sistema de paracaídas para dejar caer un huevo desde una altura de 3 metros, sin que el huevo se rompa. El propósito de la primera prueba era comparar la efectividad de distintos materiales y tamaños de paracaídas. Para evitar hacer un desastre, pusieron a prueba sus diseños usando un bloque de madera con una masa similar a la de un huevo.

Las variables en las pruebas eran el material y el tamaño del paracaídas. Todos los diseños de prueba fueron arrojados desde el mismo punto en el balcón usando la misma masa. La tabla siguiente muestra los resultados promedio después de poner a prueba cada diseño tres veces. Luego los estudiantes evaluaron los datos para determinar cuál sería la solución más adecuada para evitar que el huevo se rompa.

Tipo de material del paracaídas	Área del paracaídas (cm^2)	Tiempo de llegada al suelo (s)
Tela	500	1.7
Tela	1,000	2.2
Película plástica	500	2.7
Película plástica	1,000	3.5
Papel	500	2.0
Papel	1,000	2.5

12. Toma como base la evidencia de las pruebas para hacer una recomendación sobre el tipo de material que los estudiantes deberían usar para su paracaídas. Explica tu razonamiento.

13. Se usó un bloque de madera como modelo del huevo para evaluar el diseño del paracaídas. ¿Qué podrían hacer los estudiantes para determinar la magnitud del impacto que puede soportar un huevo real?

CUADERNO DE EVIDENCIAS

14. ¿Cómo harías para evaluar cada solución propuesta para recuperar la cometa del árbol? Anota las evidencias.

Práctica de laboratorio

Diseña un modelo de carro, Parte 2

Diseñarás y construirás un modelo de carro en varias sesiones. En el primer paso, definirás el problema de ingeniería. A continuación, propondrás soluciones de diseño para idear. Luego, evaluarás las soluciones propuestas contra los criterios.

Tu desafío es construir un modelo de carro usando los materiales provistos y las especificaciones. Consulta los criterios, restricciones y materiales mencionados en la Parte 1 de esta Práctica de laboratorio, que está en la Lección 1.

MATERIALES

- Puedes ver los materiales en Diseña un modelo de carro, Parte 1.

Procedimiento

PASO 1 Piensa ideas con tu grupo para encontrar varios diseños de carros que coincidan con el desafío.

PASO 2 Identifica tres opciones de diseño que quieras explorar en profundidad. Analiza la coincidencia de estas tres opciones de diseño con los criterios del problema usando una matriz de decisiones. Tres criterios están listados en la matriz de muestra siguiente.

PASO 3 En una hoja aparte, dibuja una matriz de decisiones similar a la que se muestra a continuación que enumera los criterios más importantes para tu diseño. Luego, ordena la importancia de cada criterio para que la solución sea aceptable usando una escala de 1 a 5 para cada criterio; 1 es "el menos importante" y 5 es "el más importante". Luego, califica cada solución basándote en cómo cumple con cada criterio clasificado. Recuerda que se dan puntos a cada criterio hasta, pero no más que, el valor máximo dado a ese criterio.

		Soluciones		
Criterios	Calificación por criterios (1-5)	Diseño de carro 1	Diseño de carro 2	Diseño de carro 3
Llega más lejos				
Debe tener cuatro ruedas				
Es reutilizable				
Totales				

PASO 4 **Dibuja** Basándote en tu matriz de decisiones, elige la solución de diseño que haya obtenido la calificación más alta. Este es el diseño que más se ajusta a los criterios. Dibuja un esquema del diseño en una hoja aparte. Luego, construye el diseño que elegiste. Recuerda: para construir el carro solo puedes usar los materiales provistos por tu maestro.

PASO 5 Cualquier proyecto complejo de diseño implica llevar adelante una cantidad de pruebas para verificar cómo afectan las variables el desempeño del diseño. Existe una cantidad de variables de diseño que pueden afectar el desempeño del carro. Algunas de estas variables incluyen la forma del carro, el peso y la ubicación del peso (arandelas) en la carrocería.

PASO 6 Elige una variable para poner a prueba cómo afecta la distancia recorrida por el carro. Recuerda comprobar las especificaciones de la carrera para estar seguro de que estás poniendo a prueba solo valores que estén dentro del rango permitido para tu carro. Diseña una prueba para evaluar el efecto de una de las variables en la distancia que recorre el carro. Explica cómo se realizará la prueba.

PASO 7 Realiza la prueba usando una rampa. Anota tus resultados en una hoja aparte.

PASO 8 Si hay tiempo suficiente, puedes identificar y poner a prueba otra variable para ver cómo afecta el desempeño del carro.

Análisis

PASO 9 En una hoja aparte, dibuja una gráfica que represente la relación entre el cambio en tu variable y la distancia que recorrió el carro. Dibuja una gráfica para cada variable que hayas puesto a prueba. Evalúa el efecto de la variable en la distancia recorrida. Presenta una conclusión sobre el efecto que tuvo la variable en la distancia recorrida por el carro.

PASO 10 Imagina que un miembro de tu equipo sugiere que, para ahorrar tiempo, puedes poner a prueba simultáneamente dos variables que afecten la distancia recorrida por el carro. ¿Es aceptable esta propuesta para poner a prueba una solución de diseño? Explica tu respuesta.

PASO 11 Idealmente, se llevan adelante varias pruebas que investigan el efecto de distintas variables en el desempeño de las soluciones de diseño. ¿Cuál es el propósito de llevar adelante tantas pruebas para una solución de diseño?

Usar evidencias para debatir

El análisis crítico de las soluciones incluye el uso de los datos para realizar las sugerencias de mejoras para cada solución. Una conclusión que no esté respaldada por los datos no resulta útil para el proceso de diseño.

15. Después de usar un paracaídas de película plástica para hacer más lenta la caída de un huevo, los estudiantes pusieron a prueba diferentes tamaños de paracaídas y nuevamente los pusieron a prueba dejando caer el paracaídas y la masa desde una altura de 3 m. Cada paracaídas se puso a prueba tres veces. El tiempo promedio que tardó en llegar al suelo se anotó en la tabla.

Área del paracaídas (cm^2)	Tiempo de llegada al suelo (s)
100	1.0
250	1.5
500	2.2
1,000	3.0
1,500	2.7
2,000	2.1

Un estudiante sostiene que siempre es mejor un paracaídas con un área más grande porque tiene mayor resistencia al aire. Explica cómo los datos respaldan o no respaldan ese argumento.

16. ¿Cuál sería el tamaño más adecuado del paracaídas para hacer más lenta la caída de un huevo? Usa los datos de la tabla para respaldar tu conclusión.

17. ¿Por qué se necesita la prueba sistemática de las soluciones posibles antes de elegir y refinar un diseño?

Sigue explorando

Nombre: **Fecha:**

Fíjate en esta opción o conéctate y elige alguna de estas opciones.

Construir a partir de soluciones previas

- **Prácticas de laboratorio**
- **Usar los datos para tomar decisiones informadas**
- **Busca una opción para ti**

Conéctate y elige alguna de estas opciones.

El foco de luz incandescente es una tecnología cotidiana. Con frecuencia se considera a Thomas Edison como su inventor, pero no fue él quien lo creó. Sin embargo, en 1878, él y su equipo desarrollaron el primer foco incandescente práctico y comercialmente exitoso. Edison planteó el problema del diseño del foco de luz como un problema de ingeniería. Necesitaba desarrollar un foco que produjera suficiente luz, pero que no se quemara rápidamente. Edison y sus asistentes probaron miles de materiales y preparaciones. De hecho, Edison sostuvo: "No he fallado. Solo encontré 10,000 maneras que no funcionaban".

Muchas soluciones puestas a prueba

Algunos de los diseños de Edison usaban filamentos. El filamento de un foco es la parte que se enciende. Es un alambre fino a través del cual fluye la corriente eléctrica. Algunos de los diseños de filamentos no funcionaron porque el material no transportaba suficiente corriente eléctrica. Otros funcionaban por un período breve y luego se quemaban. Combinando lo que Edison y su equipo habían aprendido en muchas pruebas, finalmente encontraron una solución: un filamento de metal en un tubo al vacío.

El éxito de Edison al hacer un foco de luz incluyó el uso de datos recolectados de numerosos experimentos que sirvieron para pensar nuevas ideas. Su equipo puso a prueba muchos materiales y configuraciones distintas para encontrar una solución que funcionara. La lluvia de ideas fue parte del proceso, si bien Edison y su equipo no habrían usado esta expresión. Manteniéndose abierto a muchas soluciones posibles y sabiendo que "equivocarse" era una parte importante del proceso de aprendizaje, Edison finalmente solucionó el problema.

Thomas Edison conversa con un investigador en su laboratorio en 1906.

Sigue explorando

1. ¿Cómo se habría visto afectada la utilidad del foco incandescente si los sistemas de suministro eléctrico no se hubieran desarrollado?

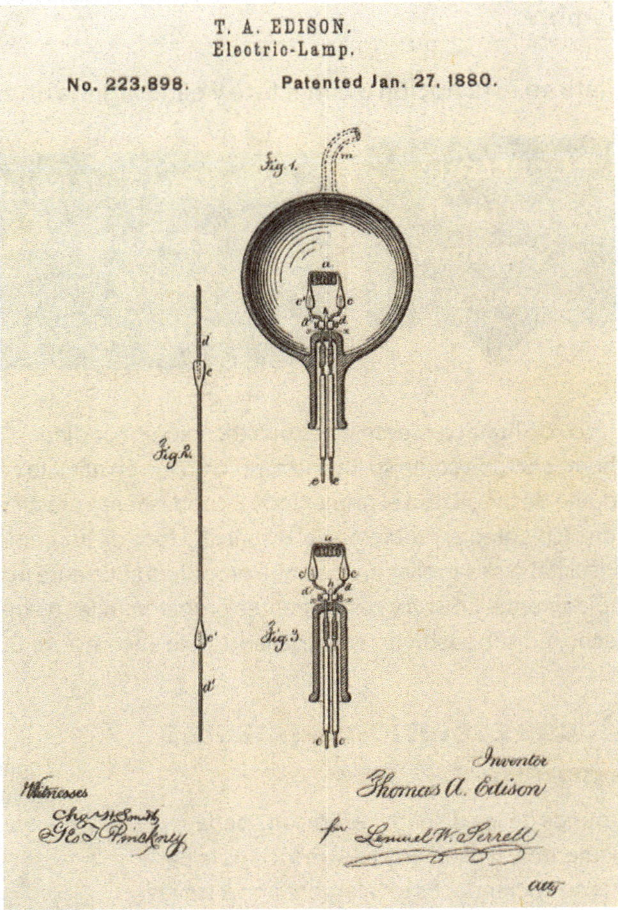

Este es el formulario de registro de patente de Edison del diseño de su foco de luz. Una patente es una licencia del gobierno que legalmente protege una invención contra la copia o venta.

2. Explica cómo Edison y su equipo usaron evidencia de pruebas para determinar si habían encontrado una solución al problema. ¿Cómo determinó esa evidencia que ellos debían continuar desarrollando esa solución?

3. El concepto *lluvia de ideas* no se usaba en la época de Edison, pero las descripciones de su investigación indican que su equipo usó esa técnica. ¿Qué aspectos de la investigación de Edison respaldan esta idea?

4. **Colaborar** Trabaja con tu grupo para investigar la solución a un problema de ingeniería que haya tenido impacto en la sociedad. Encuentra quién desarrolló la primera solución factible y cómo fueron puestas a prueba las ideas durante el proceso de diseño.

¿Puedes explicarlo?

Nombre: **Fecha:**

¿Cómo puedes idear y poner a prueba distintas soluciones para recuperar la cometa atrapada en un árbol?

CUADERNO DE EVIDENCIAS

Consulta las anotaciones de tu Cuaderno de evidencias para proponer varias soluciones al problema de recuperar la cometa del árbol.

1. Haz una afirmación. Asegúrate de que esa afirmación explique bien cómo desarrollar y poner a prueba una solución para resolver el problema.

2. Resume las evidencias que reuniste para justificar tu afirmación y explicar tu razonamiento. ¿De qué manera las evidencias se conectan con tu afirmación y la respaldan?

Ejercicios de revisión

Responde las siguientes preguntas para comprobar si entendiste bien la lección.

Observa la fotografía y responde la Pregunta 3.

3. ¿Por qué priorizar los criterios sirve para que los diseñadores desarrollen un mejor casco? Elige todas las respuestas correctas.

A. Automáticamente también clasifica restricciones porque son lo mismo que los criterios.

B. Identifica los criterios más importantes que debe cumplir una solución.

C. Sirve para valorar varias soluciones que cumplan con los criterios del problema.

D. Sirve para eliminar soluciones que no cumplan con las restricciones.

Observa la fotografía y responde la Pregunta 4.

4. La caligrafía requiere medios de escritura que puedan realizar marcas precisas y finas. Identifica qué podrías hacer para elegir el mejor bolígrafo entre distintos tipos. Elige todas las respuestas correctas.

A. Identifica si cada bolígrafo cumple con los criterios de tu problema de caligrafía.

B. Identifica bolígrafos que no cumplan con las restricciones de tu problema de escritura.

C. Pon a prueba los bolígrafos para verificar cuál es el que mejor cumple con los criterios.

D. Clasifica los criterios del problema en orden de importancia para lograr una solución exitosa.

---

5. ¿Por qué el uso de modelos es una parte importante del proceso de pruebas? Elige todas las respuestas correctas.

A. Permite a los diseñadores pensar ideas mejores.

B. Permite poner a prueba el mejor diseño de solución cuando la solución real no se puede poner a prueba.

C. Permite diseñar soluciones que se pueden poner a prueba de un modo sistemático.

D. Permite a los ingenieros contar con muchos datos para evaluar el desempeño de un posible diseño de solución.

6. Un equipo de estudiantes está diseñando un robot para competir en una carrera. Seleccionaron tres ideas para avanzar con el desarrollo. ¿Cuáles son los enunciados que describen los pasos que el equipo debe realizar para identificar el mejor diseño de robot? Elige todas las respuestas correctas.

A. Construyan y pongan a prueba modelos para cada diseño.

B. Designen un líder del equipo que elegirá el diseño a construir.

C. Evalúen los datos de prueba para cada diseño y verifiquen cómo cumple cada uno con los criterios y restricciones del problema.

D. Usen el diseño que les parezca mejor y descarten el resto.

Repaso interactivo

Completa la guía de estudio interactiva para repasar la lección.

Las soluciones de ingeniería se desarrollan proponiendo ideas y comparando aquellas que cumplan con los criterios y las restricciones del problema.

A. ¿Por qué una matriz de decisiones es útil durante el desarrollo de una solución para un problema de diseño de ingeniería?

Las pruebas aportan datos que pueden ser usados para clasificar soluciones propuestas y evaluar los efectos de los cambios que se hagan a las soluciones.

B. ¿Por qué es importante analizar los datos de las pruebas para mejorar el diseño de una solución?

Optimizar las soluciones

El puente Akashi Kaikyō tiene una longitud de 3.9 km (2.43 millas) y se extiende sobre el estrecho de Akashi. Conecta la ciudad de Kobe con la isla Awaji-shima, en Japón. Es el puente colgante más largo del mundo.

Al final de esta lección...

podrás diseñar, realizar pruebas y analizar los resultados con el fin de optimizar soluciones de diseño.

Conéctate para ver la versión digital de la Práctica de laboratorio de esta lección y descargar recursos adicionales.

¿PUEDES EXPLICARLO?

¿Cómo puedes determinar cuál es la mejor manera de evitar que los platos se rompan cuando caen al suelo?

En la mayoría de las cocinas el suelo es duro, lo que permite limpiarlo fácilmente. Si un plato cae sobre una superficie dura, se romperá. Existen varias soluciones para impedir que los platos se rompan. Identificar la solución que mejor funciona y luego mejorarla es lo que se denomina optimización.

1. Imagina que eres chef y trabajas en un restaurante muy concurrido. Necesitas reducir la cantidad de platos que se rompen, porque representan un riesgo para la seguridad y deben ser reemplazados por platos nuevos. ¿Cuáles podrían ser cinco soluciones a este problema?

2. Optimizar una solución implica un proceso en el que se pone a prueba una solución de diseño con el fin de perfeccionarla y mejorarla todo lo posible para resolver un problema. Elige la solución que creas más apropiada para el problema de los platos. Identifica cómo podrías ponerla a prueba con el fin de lograr que sea la mejor solución para este problema.

CUADERNO DE EVIDENCIAS Mientras trabajas con la lección, reúne información para explicar cómo se determina cuál es la mejor solución a un problema.

Mejorar una solución de diseño prometedora

Los dulces, como los panecillos, están diseñados para ser deliciosos. Dependiendo de la receta, los panecillos pueden ser grandes y esponjosos o pequeños y densos. En cada receta, la cantidad de ingredientes para hacerlos livianos o densos, como el polvo de hornear, es diferente. Imagina que encontraste una receta para preparar panecillos de arándanos que, según los críticos, son "deliciosos". Quieres preparar los panecillos para una fiesta. Tu problema de diseño es elaborar panecillos que sean del tamaño de un bocado y no se desmigajen, por lo que, primero que nada, vas a poner la receta a prueba. Si los panecillos son muy densos, es posible que no tengan mucho éxito. Si son demasiado esponjosos, es probable que se rompan al morderlos. Sigue los pasos de la receta. Luego, pon a prueba tu diseño: come un panecillo. Se deshace. Se desmigaja con facilidad. Tiene que ser más denso.

Elabora el diseño más prometedor

Tienes una solución de diseño (una receta), pero todavía no es la mejor solución a tu problema (preparar panecillos pequeños para la fiesta). Necesitas experimentar para optimizar la receta. Prepararás varias tandas de panecillos y cambiarás la cantidad de polvo de hornear en cada tanda. ¡La única forma de saber los resultados de esos cambios es probar las recetas y comprobar los resultados!

La **optimización del diseño** es el proceso o método para lograr que un diseño o sistema sea completamente funcional o lo más eficaz posible. Una solución de diseño, tanto si se trata de la receta de panecillos de arándano como de la parte de un motor, siempre se pone a prueba para determinar si es mejor que las soluciones que se pusieron a prueba antes. Las mejoras de un diseño se realizan en función de los resultados de las pruebas.

Poner a prueba la receta y modificarla en base a los resultados es la forma de lograr la receta que satisfaga mejor nuestras necesidades.

3. Optimizar una solución de diseño siempre requiere poner a prueba la solución modificada. ¿Por qué es útil repetir estas pruebas? Para responder, usa el ejemplo de la receta de panecillos.

Realizar intercambios

Mediante el análisis de los datos obtenidos en las pruebas es posible saber cómo funcionará una solución en situaciones de la vida real. El análisis de los datos también sirve para determinar si una solución de diseño puede ponerse en práctica con determinado presupuesto o si cumple con las restricciones en los costos de la venta al por menor. Este tipo de análisis no siempre nos aporta respuestas definitivas respecto de cuál es la mejor solución. A veces, es necesario realizar intercambios para llegar a una solución que tenga más probabilidades de cumplir con los criterios. Por ejemplo, una funda de celular hecha de metal puede aumentar la vida útil del teléfono. Sin embargo, una funda de plástico es mucho más económica y liviana, lo que la convierte en la preferida de los usuarios. Por lo tanto, es posible que el diseñador prefiera la funda de plástico. El intercambio se realiza entre una vida útil más larga para el producto y un producto más económico y más liviano. Para realizar los pasos siguientes del proceso de optimización, es necesario identificar qué criterios son más importantes, como "menor costo" y "más liviano" en lugar de "una vida útil más larga".

4. ¿Por qué realizar un intercambio es un aspecto importante del proceso de optimización de un diseño? Elige todas las opciones correctas.

A. Sirve para identificar más criterios.

B. Sirve para deshacerse de restricciones innecesarias.

C. Sirve para identificar cuál es el próximo paso que debe realizar el diseñador.

D. Sirve para identificar las características más importantes que debe tener una solución de diseño.

Poner a prueba los modelos

Para elegir la mejor solución, con frecuencia los ingenieros ponen a prueba un tipo de modelo denominado prototipo. Un **prototipo** es una prueba modelo de una solución de diseño. Generalmente, los prototipos son el primer modelo físico de un nuevo diseño. Se los construye para ponerlos a prueba y, a veces, para mostrarlos a otras personas y recibir opiniones que sirvan para mejorar el diseño. Un prototipo puede ser un modelo físico, matemático o por computadora. A veces, un modelo físico es un ejemplo del diseño que es real y que funciona, pero con frecuencia, en especial cuando se trata de diseños grandes y complejos, puede ser un modelo a escala del objeto o incluso solo una parte del objeto. También se pone a prueba un prototipo para determinar errores en el diseño, por cuestiones de seguridad o de practicidad de uso. Estas pruebas contribuyen a garantizar que todo funcione bien y que los usuarios entiendan cómo funciona. De lo contrario, el producto puede llegar a ser un costoso fracaso.

Los ingenieros usan los prototipos para identificar modificaciones precisas que se deben realizar en un diseño. Este prototipo de zapato se hizo con una impresora 3D.

Evaluar ventajas y desventajas

Luego de ponerlas a prueba, es posible continuar evaluando las soluciones con ciertas herramientas, como el análisis de costo-beneficio. Un *análisis de costo-beneficio* es un método para identificar los puntos fuertes y los puntos débiles de una solución de diseño. Un ejemplo es comparar los costos de producción con los beneficios que ofrece la solución. Un análisis de costo-beneficio sirve para determinar qué soluciones son las más prometedoras. Este tipo de análisis puede usarse para desarrollar y perfeccionar soluciones en varias instancias del proceso de diseño.

Práctica matemática

Usar las matemáticas para mejorar diseños

Con el fin de minimizar los costos de fabricación, con frecuencia la comida procesada se empaqueta en envases que permiten el mayor volumen de almacenamiento, pero que requieren la menor cantidad de material. Es posible determinar la mejor solución de diseño de una caja de cereal calculando las dimensiones de la caja que mejor cumplan con los criterios de máximo volumen y menor cantidad de cartón.

En la siguiente tabla se detallan algunos cálculos realizados por ingenieros para desarrollar una caja de cereal. Encuentra el tamaño de caja de cereal que tenga el volumen máximo y la menor área de superficie, o que requiera la menor cantidad de cartón posible. Los criterios de diseño son los siguientes:

- Volumen: entre 3,400 cm^3 y 3,425 cm^3.
- Altura: entre 25 cm y 27 cm.
- Longitud: entre 18 cm y 20 cm.
- Ancho: entre 6 cm y 8 cm.

Los envases que tienen una superficie grande resultan ventajosos para el fabricante a la hora de promocionar su producto.

Altura (cm)	Longitud (cm)	Ancho (cm)	Volumen (cm^3)	Área de la superficie (AS) (cm^2)	Volumen al AS (razón)
25.5	20.0	6.6	3,417	1,630	
27.0	19.0	6.7	3,437	1,642	
26.5	19.0	6.8	3,424	1,626	
26.0	19.0	6.9	3,409	1,609	
25.5	19.0	7.0	3,392	1,592	
27.0	18.0	7.1	3,451	1,611	
26.5	18.0	7.2	3,434	1,595	
26.0	18.0	7.3	3,416	1,578	
25.5	18.0	7.4	3,397	1,562	

5. Para cada conjunto de dimensiones de la caja, determina la razón del volumen al área de la superficie. Redondea los resultados a dos lugares decimales. Elige la caja que cumpla mejor con los criterios y explica tu razonamiento.

CUADERNO DE EVIDENCIAS

6. ¿Por qué los ingenieros de diseño realizan pruebas adicionales de la solución más prometedora para un problema, como evitar que se rompan los platos, antes de completar el diseño? Anota las evidencias.

Identifica las características de la mejor solución

Es posible que un diseño no tenga el mejor rendimiento en todas las pruebas. Por lo tanto, identificar las características de los diseños que tienen el mejor rendimiento permite diseñar la mejor solución del problema. Este es un paso importante en el proceso de optimización de una solución para cualquier problema de ingeniería.

Optimizar el diseño de un impermeable implica trabajar con un diseño que combine las características más favorables.

Un diseñador de impermeables quiere fabricar impermeables que tengan éxito con los adolescentes. Los ingenieros de la empresa pusieron a prueba tres diseños diferentes que tuvieron un buen rendimiento en tres pruebas distintas. Sin embargo, ninguno de los diseños tuvo el mejor rendimiento en todas las pruebas. Los criterios del diseño son los siguientes:

- Debe ser lo más liviano posible.
- Debe ser fácil de abrir y cerrar.
- Debe ser lo más resistente al agua posible.
- Debe estar hecho de telas coloridas y con diseños que estén de moda.
- Debe tener bolsillos.

	Peso (g)	Forma de cerrar	Resistencia al agua de la tela (minutos de exposición)
Impermeable A	250	Broches: difícil de usar	11
Impermeable B	410	Zíper: fácil de usar	27
Impermeable C	500	Zíper: fácil de usar	>60

Los tres criterios que se identificaron como los más importantes para que el diseño sea exitoso fueron: que sea liviano, que sea fácil de cerrar y que tenga una gran resistencia al agua. Los ingenieros decidieron poner a prueba un diseño que reunía las mejores características de cada impermeable. El rediseño tenía el peso del impermeable A, la impermeabilidad de la tela del impermeable C y los zípers de los impermeables B y C. Luego, se puso a prueba este rediseño. Según los resultados de las pruebas, la tela con mayor grado de impermeabilidad funcionó bien en el nuevo diseño, a pesar de que el producto resultó un poco más pesado, porque la tela era más pesada.

7. Imagina que estás a cargo de continuar optimizando el diseño del impermeable. ¿Cuáles serían los siguientes pasos en el proceso de optimización?

Usar los datos para optimizar soluciones

Algunos problemas de ingeniería implican diseñar un proceso o un sistema, en lugar de un objeto. La cadena de montaje es un ejemplo de un sistema que se ha convertido en un sistema de fabricación importante. En la industria automotriz, el chasis de un carro circula en un sistema automatizado de bandas transportadoras. A medida que los carros o sus partes van pasando, los trabajadores, ubicados a los lados de las bandas transportadoras, realizan una tarea específica. Al finalizar la cadena de montaje, el armado del carro queda completo. La cadena de montaje es un proceso diseñado para resolver un problema de ingeniería: hacer muchos objetos similares o idénticos de la manera más eficiente posible. Las cadenas de montaje se usan para producir muchas cosas, como ropa, herramientas, alimentos y vehículos. Los ingenieros cuyo trabajo es optimizar los sistemas industriales se denominan *ingenieros de sistemas*.

Optimización de proceso y de sistema

Los sistemas están diseñados para resolver problemas específicos. A pesar de que los sistemas de cadena de montaje se utilizaron durante la Revolución Industrial para acelerar el proceso de fabricación, recién fueron optimizados a principios del siglo XX, para incluir los tipos de procesos que se realizan en la actualidad.

Henry Ford y su equipo diseñaron la primera cadena de montaje moderna para producir grandes cantidades de carros. Cada una de las partes principales del carro se fabricaba en una cadena de montaje distinta. Luego, se armaba todo el vehículo en una última cadena de montaje. Cada trabajador realizaba una tarea específica. El tiempo requerido para fabricar un carro pasó de 12 horas a unos 90 minutos. Al optimizar la cadena de montaje, la fábrica principal de Ford aumentó la producción de casi 20,000 carros por año a más de un millón de carros por año, en tan solo 10 años. Ford pudo reducir el precio de sus carros al generar una disminución del tiempo, el costo y la cantidad de personas necesarias para fabricarlos.

Continuos procesos de optimización han ido modificando la cadena de montaje. Actualmente, en las cadenas de montaje, con frecuencia las tareas repetitivas durante largos períodos de tiempo están a cargo de hileras de robots en lugar de seres humanos.

8. La cadena de montaje ha cambiado a lo largo de los años. ¿En qué se parece la optimización de los procesos de ingeniería a la optimización de los productos de ingeniería?

El proceso de diseño iterativo

Parte de la optimización del diseño incluye realizar pruebas iterativas en un prototipo. Los resultados de las pruebas iterativas sirven para mejorar la siguiente versión del diseño. Por ejemplo, una empresa que fabrica partes de bicicletas está diseñando un nuevo piñón de velocidad. Generalmente, los piñones de bicicleta se fabrican con una aleación de zinc y aluminio. La aleación es liviana y tiene distintos grados de resistencia. El diseño del piñón funciona bien, pero los diseñadores quieren fabricarlo con la aleación más resistente posible. Para identificar cuál es la aleación más apropiada, los diseñadores pondrán a prueba el diseño del piñón y usarán distintas aleaciones. Mediante pruebas de resistencia se determinará cuál es la aleación más resistente. Se modificará el diseño del piñón para poder usar una nueva aleación más resistente.

Los cambios de una bicicleta tienen varios piñones.

Pasos sistemáticos de la optimización de una solución de diseño

Este diagrama representa un proceso de diseño de ingeniería "ideal". Los ingenieros pueden no realizar algunos pasos o seguir un orden diferente. Los procesos de diseño iterativos sirven para optimizar la solución. Los pasos de la optimización están resaltados en amarillo.

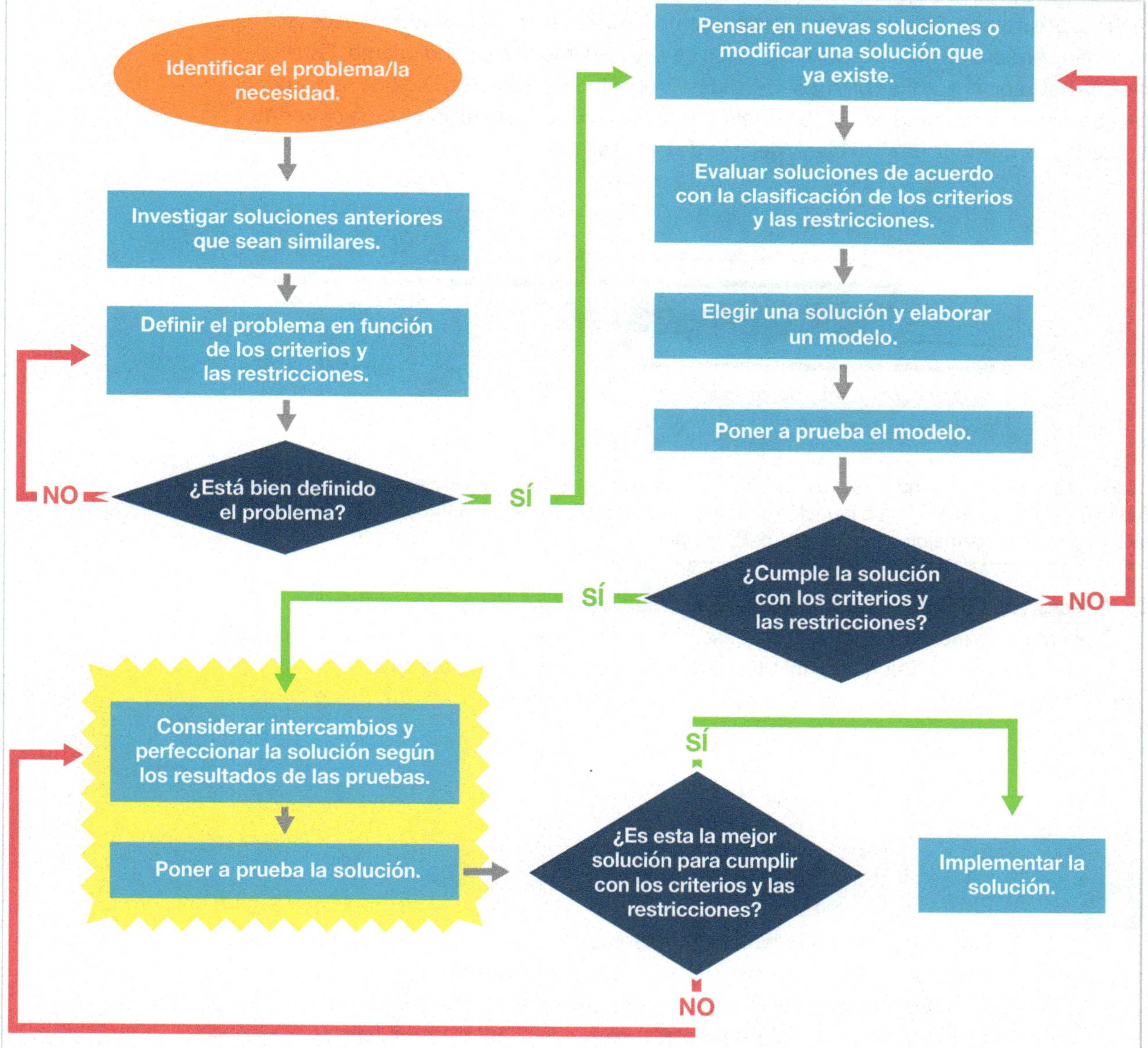

9. ¿Qué características tiene el proceso de diseño iterativo? Elige todas las respuestas correctas.

A. Cada iteración incorpora características que funcionaron bien en pruebas anteriores.

B. Es posible combinar características útiles de distintas soluciones.

C. Se ponen a prueba las soluciones durante cada iteración del proceso de diseño.

D. Cada iteración comienza con una idea o solución completamente nuevas.

El bolígrafo espacial

Un ejemplo de un producto del proceso de diseño iterativo es "el bolígrafo espacial", un bolígrafo que funciona en condiciones de gravedad cero. En las primeras misiones al espacio, los astronautas usaban lápices para tomar notas, pero esto resultaba problemático. Las puntas rotas y el polvo de grafito flotaban dentro de la cabina, lo que generaba interferencias con los instrumentos. Paul Fisher, creador del bolígrafo espacial, usó el proceso iterativo para optimizar la solución de diseño para el problema de escribir en el espacio. En el espacio, debido a las condiciones de caída libre, la tinta de un bolígrafo común se secaba o no fluía en la dirección correcta. Fisher diseñó un cartucho para contener la tinta. Sin embargo, debido al vacío que se producía en el cartucho, la tinta dejaba de fluir. Para resolver este problema, presurizó el cartucho. De esta manera, la tinta comenzó a fluir bien. No obstante, a veces se producían pérdidas de tinta debido a la presión de aire. Para mejorar el rendimiento, Fisher creó una tinta en gel que fluía bien y sin pérdidas. El resultado fue un bolígrafo que se puede usar en el espacio y que puede escribir al revés en la Tierra. En cada iteración, se mejoraron las características que funcionaban bien y dejaron de desarrollarse las que no funcionaban.

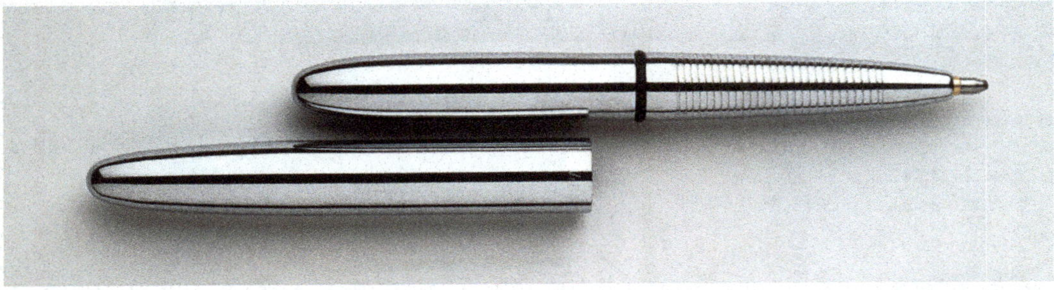

Durante el proceso de diseño iterativo empleado para desarrollar el bolígrafo espacial, se pusieron a prueba muchas soluciones. Cada iteración de soluciones propuestas y los resultados de las pruebas dieron lugar a nuevas mejoras en el diseño del bolígrafo.

10. A veces, la solución a un problema da lugar a nuevas soluciones a otros problemas. Presenta evidencias del ejemplo del desarrollo del bolígrafo espacial para explicar cómo pudo haberse redefinido el problema de desarrollar un bolígrafo para usar en la Tierra.

CUADERNO DE EVIDENCIAS

11. Incluso después de implementar una solución, los ingenieros frecuentemente vuelven al problema original y trabajan para perfeccionar la solución. ¿En qué aspectos resulta útil el proceso de diseño iterativo para desarrollar una solución al problema de que los platos se rompen? Anota las evidencias.

Práctica de laboratorio

Diseña un modelo de carro, Parte 3

Ahora que ya construiste el modelo de carro, junto a otros grupos de tu clase evaluarás los datos obtenidos en las pruebas y optimizarás el diseño de los carros. Los pasos de tu proceso de optimización pueden variar dependiendo de cuántos carros hayas construido y del tiempo disponible.

Consulta los criterios y las restricciones para el diseño del carro y la lista de materiales en las instrucciones que aparecen en la Parte 1 de esta actividad.

MATERIALES

- Puedes ver los materiales en Diseña un modelo de carro, Parte 1.

Procedimiento y análisis

PASO 1 Compara los resultados de las pruebas realizadas en tu carro que están en la Parte 2 de esta actividad con los resultados de otros grupos que pusieron a prueba las mismas variables en el diseño del carro. Describe la relación entre esas variables y la distancia recorrida.

PASO 2 ¿Qué características de los carros de otros grupos tuvieron un mejor rendimiento en las pruebas que tu carro? En base a tu comparación de los resultados de la clase, propone tres modificaciones en el diseño que podrían mejorar el rendimiento de tu carro. Haz una lista de las modificaciones que propones. Describe, según tu criterio, las mejoras que se producirán en el rendimiento del carro si se realizan las modificaciones que propones.

PASO 3 Pide el visto bueno a tu maestro y aplica una modificación en el diseño de tu carro. Repite la prueba y anota los datos en una hoja aparte. Compara los datos de tu diseño modificado con los datos de tu diseño original.

PASO 4 ¿Cómo afectaron el rendimiento los cambios en el diseño?

PASO 5 Entre todos, evalúen todos los resultados de las pruebas y presenten sugerencias para una nueva iteración del diseño en la que se usen las mejores características de cada diseño.

PASO 6 Los componentes de la solución deben estar relacionados con el problema tal como se definió. Por ejemplo, si la distancia entre la carrocería y el suelo no cumple con las especificaciones para la rampa por la que bajarán los carros, es posible que el carro quede atascado cuando llegue al final de la rampa. ¿De qué manera las ruedas del carro y la distancia entre la carrocería y el suelo se relacionan con el carro como una solución al problema de ingeniería?

PASO 7 Si tomas de los distintos diseños las características que tuvieron mejor rendimiento y las aplicas para modificar tu diseño, ¿cómo es posible mejorar tu carro?

Combinar las mejores partes de las soluciones

Incluso después de que se introduce un producto en el mercado, el proceso iterativo continúa y, con frecuencia, el resultado es el desarrollo de nuevos modelos o estilos. Cada nuevo estilo es una solución a un problema de diseño que se vuelve a plantear, que recibe la influencia de los éxitos y los fracasos de las soluciones anteriores. Por ejemplo, los teléfonos celulares han sufrido cambios significativos a lo largo del tiempo, como vemos en la imagen. Las pantallas táctiles reemplazaron a los teclados, y las antenas ahora se encuentran dentro del teléfono. La optimización de la cámara incorporada en el teléfono agregó una nueva función muy importante a los celulares. Los teléfonos celulares han reemplazado casi totalmente a las económicas cámaras compactas, muy vendidas en su momento.

Durante la optimización de los teléfonos celulares, hubo que hacer intercambios.

12. Las mejoras en una función con frecuencia dan lugar a que otra función deje de tener un buen rendimiento. ¿Cuáles de los siguientes enunciados describen el intercambio que fue necesario realizar a medida que los teléfonos celulares fueron cambiando para cumplir con los nuevos criterios y las nuevas restricciones? Elige todas las opciones correctas.

A. Una pantalla más grande permite agregar nuevas funciones, como la reproducción de videos.

B. Si se agregan más aplicaciones al teléfono, la duración de la carga de la batería se reduce.

C. Una pantalla más grande aumenta el tamaño de la superficie de vidrio y, por lo tanto, aumenta el riesgo de roturas.

D. Las antenas internas representan una mejora en la portabilidad, pero se pierde calidad en la recepción de la señal.

E. Las pantallas táctiles aumentan el área de visualización, pero para algunas personas son más difíciles de usar que el teclado.

F. Las carcasas más finas disminuyen el peso del teléfono y lo hacen más fácil de manipular.

13. Si se realiza el proceso de diseño de ingeniería partiendo de una sola idea, ¿cómo podría verse afectada la capacidad de optimizar el diseño más adelante?

Sigue explorando

Nombre: **Fecha:**

Fíjate en esta opción o conéctate y elige alguna de estas opciones.

Personajes de la ingeniería

- **Prototipos rápidos (impresoras 3D)**
- **Busca una opción para ti.**

Conéctate y elige alguna de estas opciones.

Ellen Ochoa: ingeniera eléctrica

Ellen Ochoa es astronauta y directora del Centro Espacial Johnson, ubicado en Houston, Texas. Cuando estaba preparando su doctorado en ingeniería eléctrica y, posteriormente, cuando trabajaba en la NASA como investigadora, diseñó sistemas de datos ópticos para procesar información mediante señales luminosas. Ellen Ochoa se convirtió en astronauta en 1991 y participó en cuatro misiones de transbordadores espaciales. Trabajó en el desarrollo de software y de hardware de computación para vuelos espaciales y en el desarrollo y puesta a prueba de robots. Además de ser astronauta, directora e ingeniera investigadora, Ochoa es flautista de música clásica.

Los ingenieros eléctricos diseñan, desarrollan y ponen a prueba equipos eléctricos, como motores eléctricos, radares y sistemas de navegación, sistemas de comunicación y equipos que generan electricidad. También supervisan la fabricación de estos equipos. Con frecuencia, los ingenieros eléctricos que trabajan en el ámbito industrial tienen licenciaturas, y los que se encargan de dirigir investigaciones en laboratorios universitarios o del gobierno tienen doctorados. Tal como lo demostró Ellen Ochoa, el cielo no es un límite para los ingenieros eléctricos.

La Dra. Ochoa se convirtió en la primera mujer hispana que viajó al espacio cuando fue como especialista de misión a bordo del transbordador espacial Discovery en 1993.

Sigue explorando

1. Nombra tres industrias que emplearían ingenieros eléctricos. Describe un trabajo que requeriría el uso de ingeniería eléctrica en cada una de esas industrias.

2. ¿Por qué una persona que quiere estudiar ingeniería eléctrica debe considerar si le gusta o no resolver problemas?

3. Ellen Ochoa fue admitida como astronauta en la NASA después de consolidar su carrera como ingeniera eléctrica. ¿Por qué tener una carrera en ingeniería eléctrica resulta útil para ser astronauta?

4. **Colaborar** Trabaja en grupo para investigar sobre ingenieros eléctricos que realicen tareas de investigación. En una hoja de papel, haz una lista de preguntas que les harías a los ingenieros acerca de su trabajo. Con la ayuda de tu maestro, ponte en contacto con al menos uno de esos ingenieros para entrevistarlo. Presenta lo que descubriste al resto de la clase.

¿Puedes explicarlo?

Nombre: **Fecha:**

¿Cómo puedes determinar cuál es la mejor manera de evitar que los platos se rompan cuando caen al suelo?

CUADERNO DE EVIDENCIAS

Consulta las anotaciones de tu Cuaderno de evidencias para decidir cómo optimizar la solución al problema de ingeniería que plantea la pregunta.

1. Haz una afirmación. Asegúrate de que tu razonamiento explique bien cómo es posible optimizar una solución para resolver un problema.

2. Resume las evidencias que reuniste para justificar tu afirmación y explicar tu razonamiento.

Ejercicios de revisión

Responde las siguientes preguntas para comprobar si entendiste bien la lección.

Observa los datos de la siguiente tabla y responde las Preguntas 3 a 5.

3. Tu equipo está construyendo un cohete para participar en una competencia nacional. El puntaje se basa en tres factores: la altura que alcanza el cohete al volar, el tiempo de vuelo antes de que se abra el paracaídas y el desempeño en la tarea de entregar un cargamento de tres huevos. Estos criterios son de igual importancia en la realización del diseño. Pones a prueba cuatro soluciones de diseño diferentes y anotas los resultados, que se detallan a continuación. Evalúa los resultados para decidir cuál de los diseños es el mejor para realizar el proceso de optimización.

	Altura (m)	Tiempo de vuelo (s)	Cantidad de huevos sanos
Cohete A	260	49	3
Cohete B	220	57	1
Cohete C	240	66	3
Cohete D	275	58	2

A. Cohete A
B. Cohete B
C. Cohete C
D. Cohete D

4. El proceso iterativo implica poner a prueba las soluciones más prometedoras / descartadas y modificar el tamaño / el diseño sobre la base de los resultados. Las pruebas iterativas pueden realizarse para modificar / optimizar el diseño que funciona mejor.

5. Quieres mejorar el desempeño del diseño de tu cohete en relación con la altura que alcanza. ¿Cuál de las siguientes opciones debes incorporar al nuevo diseño? Elige todas las opciones correctas.

A. las dimensiones del cohete A
B. las dimensiones del cohete B
C. las dimensiones del cohete C
D. las dimensiones del cohete D

Este ingeniero está poniendo a prueba la resistencia de distintos diseños estructurales para la construcción de un puente.

Observa la fotografía y responde la Pregunta 6.

6. Este ingeniero está poniendo a prueba modelos a escala de piezas para construir puentes. ¿Por qué utiliza modelos a escala en lugar de modelos de tamaño real para realizar las pruebas?

A. Es más económico construir modelos a escala que las columnas reales.
B. Al usar modelos, el ingeniero puede poner a prueba numerosas combinaciones de materiales.
C. El ingeniero podrá encontrar la mejor combinación de materiales para el puente.
D. Mediante el uso de modelos, es posible reproducir exactamente la función de una columna y el proceso de prueba es más rápido.

Repaso interactivo

Completa la guía de estudio interactiva para repasar la lección.

Se elige la solución que mejor cumple con los criterios del problema de ingeniería para continuar perfeccionándola.

A. ¿Por qué es importante comparar los resultados de las pruebas cuando se debe decidir cuál es el diseño que hay que continuar perfeccionando?

El proceso de diseño iterativo es una herramienta que tienen los ingenieros para crear la mejor solución. Sirve para identificar de qué manera se puede continuar mejorando una solución para lograr un mejor cumplimiento de los criterios y las restricciones del problema de diseño.

B. Una vez que se construyó la solución, ¿por qué los ingenieros quieren continuar optimizándola? ¿Qué proceso de diseño podrían usar los ingenieros para optimizar una solución?

Elige una de las siguientes actividades para aprender cómo se relaciona esta unidad con otros temas.

☐ Conexión con los estudios sociales

Fracasos históricos Muchos inventores y científicos tuvieron "fracasos" antes de lograr un descubrimiento importante. Para lograr tener éxito, los hermanos Wright tuvieron que experimentar con cientos de vuelos en planeador y diseños de aviones.

Realiza una investigación y haz una presentación oral sobre otro personaje histórico que haya perseverado ante la adversidad hasta lograr que su invento tuviera éxito. Describe cómo perfeccionó su aparato con el proceso de diseño de ingeniería.

☐ Conexión con el arte

Ilustraciones científicas Es frecuente que los artistas pongan en práctica una versión del proceso de diseño de ingeniería cuando ponen a prueba nuevas técnicas o enfoques. Los artistas parten de materiales de referencia para crear ilustraciones técnicas. Realizan diversas experimentaciones con técnicas y medios para determinar cuál es el mejor proceso para aplicar a las ilustraciones. Basándose en los comentarios que reciben, repiten este proceso para perfeccionar el diseño final.

Investiga varios dibujos técnicos para examinar cómo están ilustrados los pasos científicos. Luego, crea tu propio diagrama o representación visual para describir cómo funciona un objeto de uso cotidiano. Pide la opinión a un compañero y, de acuerdo con su interpretación de tu diseño, realiza las modificaciones necesarias.

☐ Conexión con las ciencias de la vida

Biomedicina La biología médica, o biomedicina, comprende la aplicación de las investigaciones biológicas a las prácticas médicas. Este campo de estudio incluye especialidades que van desde el diagnóstico de laboratorio al desarrollo de vacunas y la terapia genética. Los ingenieros que se desenvuelven en el campo de la biomedicina trabajan en el diseño de aparatos biomédicos y el desarrollo de biotecnología.

Investiga un invento, una terapia o un proceso biomédicos y la historia de su desarrollo. Prepara una presentación multimedia que describa la contribución del proceso de diseño de ingeniería a la evolución de una solución a un tratamiento que haya sido exitosa.

Nombre: ______________________ **Fecha:** ______________

Completa el repaso para comprobar que entendiste el contenido de la unidad.

Observa el diagrama y responde las Preguntas 1 a 3.

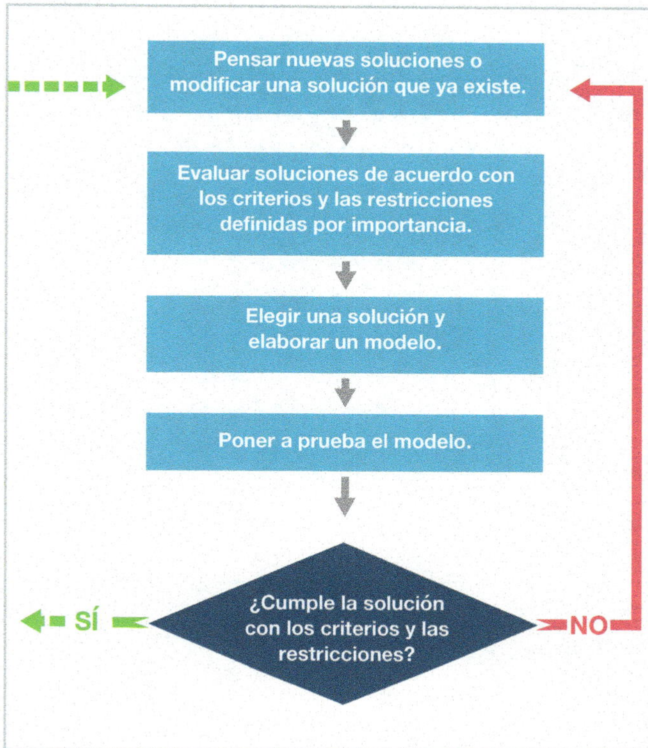

1. ¿En qué paso del proceso de diseño de ingeniería sería útil aplicar una matriz de decisiones para reducir las soluciones que se proponen para continuar poniendo a prueba y analizando?
   A. pensar soluciones
   B. evaluar soluciones en relación con los criterios
   C. desarrollar un modelo y ponerlo a prueba
   D. evaluar los datos obtenidos de las pruebas

2. ¿En qué paso del proceso de diseño de ingeniería es posible utilizar los datos para analizar si una solución propuesta funciona bien o no?
   A. pensar soluciones
   B. evaluar soluciones en relación con los criterios
   C. elegir soluciones para poner a prueba
   D. evaluar los datos obtenidos de las pruebas

3. Poner a prueba y evaluar soluciones es un proceso iterativo / lineal.

Observa la matriz de decisiones y responde las Preguntas 4 y 5.

Matriz de decisiones: El mejor protector de pantalla			
Criterios	**Materiales**		
	TPU	Vidrio templado	Película de PET
No se raya	2	4	4
Reduce el brillo	2	3	2
Es liviano	2	2	1
Es duradero	1	4	4
Es económico	3	1	2

4. Esta matriz de decisiones clasifica los materiales de los protectores de pantalla de acuerdo con varias especificaciones. ¿Cuál sería el mejor material para el protector si las características más importantes fueran *Es económico* y *Reduce el brillo*?
   A. TPU (poliuretano termoplástico)
   B. Vidrio templado
   C. Película de PET (tereftalato de polietileno)

5. En la matriz de decisiones, los materiales del protector de pantalla son los criterios / las soluciones. Las especificaciones de cada opción son los criterios / las soluciones.

6. Piensa en el proceso de diseño de ingeniería y completa la siguiente tabla. Describe cómo cada paso involucra aspectos de cada concepto del panorama general.

Pasos del proceso	Criterios y restricciones	Investigación y análisis de datos	Sistemas y modelos de sistemas
Definir un problema de ingeniería	Determinar cuáles son los criterios y las restricciones más importantes sirve para definir con precisión el problema de diseño, ya que permite identificar necesidades y limitaciones específicas.		
Poner a prueba una solución			
Realizar intercambios			

Nombre: **Fecha:**

Observa la fotografía del brazo protésico controlado por el cerebro para responder las Preguntas 7 a 10.

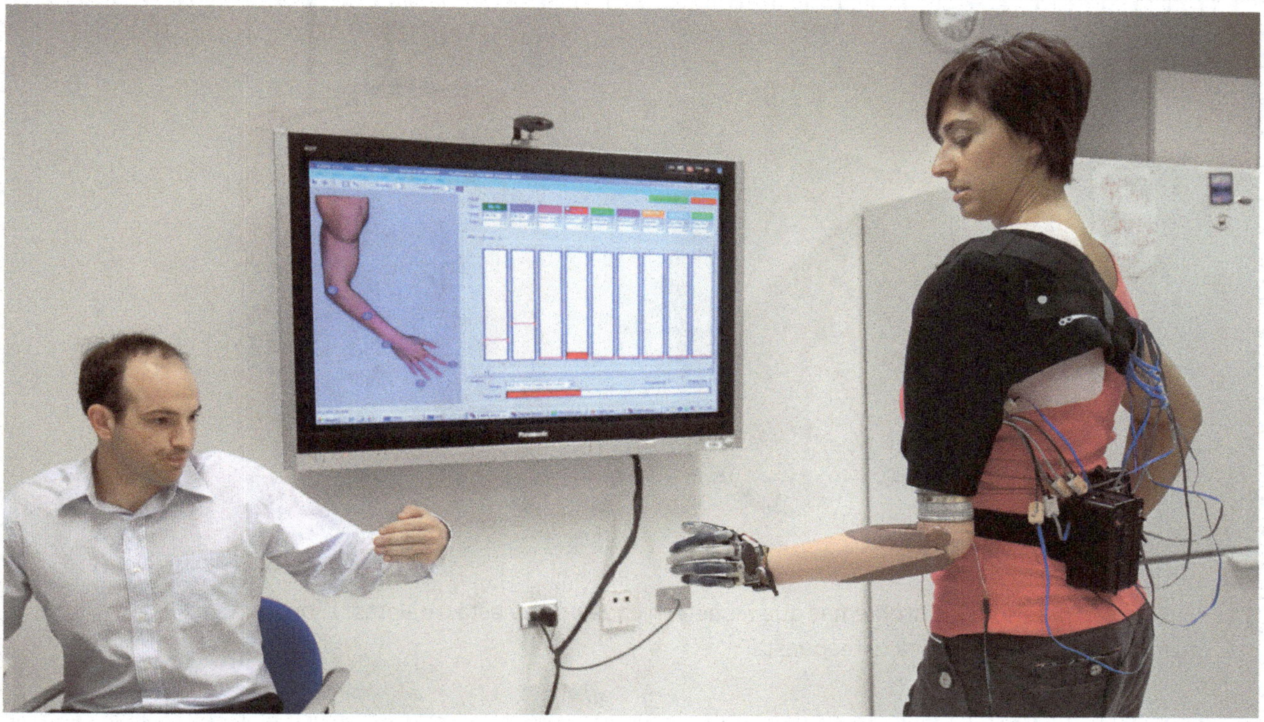

7. En la foto, una mujer controla los movimientos de su brazo protésico mediante señales cerebrales. Describe el problema que ha solucionado este invento.

8. Algunas personas que usan este tipo de prótesis han notado que el diseño actual no cumple con algunas de sus necesidades. En base a los comentarios, los ingenieros se encuentran trabajando para solucionar esos problemas y desarrollar un nuevo prototipo. Explica por qué se necesita un nuevo prototipo.

9. ¿Qué criterios fueron importantes para los inventores cuando desarrollaron su prototipo?

10. ¿Qué principios científicos pudieron haber guiado a los inventores del brazo protésico?

Observa las fotografías y responde las Preguntas 11 a 14.

11. Explica con precisión los problemas que resuelven cada una de estas maletas. ¿Son los mismos problemas? Explica tu respuesta.

12. ¿Qué tipos de datos reuniste sobre los diseños de las maletas? ¿Cuáles serían las pruebas más útiles para comparar cómo resuelve el problema de diseño cada solución?

13. Después de analizar los datos sobre los diseños de las maletas, es posible que encuentres que ambas opciones tienen buenas características. Explica cómo podrían usar esos resultados los ingenieros para desarrollar una solución mejor.

14. Los diseños de las maletas se han modificado con el paso del tiempo. Presenta evidencias para explicar cómo el proceso de diseño de ingeniería mejoró las maletas.

Nombre: Fecha:

¿Cuál es la mejor característica para una nueva rampa de entrada a una piscina?

Un inspector determinó que la rampa de entrada a la piscina comunitaria de tu vecindario no cumple con los requisitos de seguridad actuales. La administración de la piscina quiere encontrar la manera de modificar el diseño actual para cumplir con las normas de seguridad. Evalúan modificar el ángulo de la rampa, el material del que está hecha la superficie y/o el pasamanos.

Se le encargó a tu equipo analizar soluciones de diseño para determinar qué rampa es la mejor para esta piscina comunitaria. Debes presentar lo que descubriste a los directivos de la piscina comunitaria, que son los encargados de decidir cómo proceder.

Los siguientes pasos te servirán como guía para realizar tu investigación y elaborar una recomendación.

Ingeniería

1. **Define el problema** Identifica con claridad los criterios y las restricciones relacionados con la modificación del diseño de la rampa de la piscina. ¿Cómo aumentaría cada tipo de modificación la seguridad de la rampa para distintos tipos de visitantes de la piscina?

Ingeniería

2. **Realiza una investigación** Considera cada una de las tres opciones para la rampa (modificar el ángulo de la rampa, el material del que está hecha la superficie y/o el pasamanos). Explica qué tipos de trabajo serían necesarios para realizar ese tipo de modificación.

3. **Analiza los datos** En una hoja aparte, elabora una matriz de decisiones para analizar las opciones de la modificación. Describe los puntos fuertes y los puntos débiles de las opciones.

4. **Identifica y recomienda una solución** Teniendo en cuenta tu investigación, escribe una explicación en la que describas la característica de diseño de la rampa que mejor se aplica a la piscina comunitaria de tu vecindario. Describe los intercambios que se llevan a cabo en tu decisión.

5. **Comunica** Prepara una presentación de tu recomendación para los directivos de la piscina comunitaria, que son los encargados de decidir cuál es el mejor diseño para la rampa. Incluye un argumento, justificado con evidencias, a favor de tu recomendación y una explicación de los beneficios y los inconvenientes relacionados con el diseño.

✓ Autorrevisión

	Definí con precisión los criterios y las restricciones relacionados con el problema de mejorar la seguridad de la rampa de la piscina.
	Investigué las características de diseño para determinar si cumplen bien con los criterios y las restricciones del problema.
	Analicé la investigación que realicé y los datos que obtuve para elaborar una matriz de decisiones.
	Mi solución se basa en evidencias reunidas a partir de la investigación realizada y el análisis de mi matriz de decisiones.
	Comuniqué con claridad la solución y la recomendación que elaboré.

Glosario

A–Z

análisis de riesgo-beneficio
la comparación de los riesgos y los beneficios de una decisión o de un producto (101)
risk-benefit analysis the comparison of the risks and benefits of a decision or product

componente
partes de un sistema que interactúan y llevan a cabo un proceso o varios procesos (28)
component the parts of a system that interact and carry out a process or processes

criterios
requisitos y estándares específicos que un diseño debe cumplir (52, 84)
criteria the specific requirements and standards a design must meet

entrada
información, material o energía que ingresa a un sistema o proceso (28)
input information, material, or energy added to a system or process

frontera
límite que define los márgenes de un sistema y las divisiones que tiene dentro (29)
boundary a limit that defines the edges of a system and the divisions within a system

ingeniería
la aplicación de las ciencias y las matemáticas para resolver problemas de la vida diaria (6)
engineering the application of science and mathematics to solve real-life problems

lluvia de ideas
proceso de trabajar individual o colectivamente para generar ideas de manera rápida y sin reservas con el objetivo de resolver un problema (99)
brainstorming the process of working alone or with others to quickly and freely generate ideas to solve a problem

matriz de decisiones
instrumento de toma de decisión que permite evaluar varias opciones a la vez (100)
decision matrix a decision-making tool for evaluating several options at the same time

optimización del diseño
proceso o método para lograr que un diseño o sistema sea completamente funcional o lo más eficaz posible (116)
design optimization the process or method of making a design or system as fully functional or effective as possible

prototipo
prueba modelo de un producto (103)
prototype a test model of a product

pruebas iterativas
tipo de prueba de diseño que se repite muchas veces como parte del proceso de diseño de ingeniería; los resultados de cada repetición se utilizan para modificar la próxima versión del producto o herramienta (55)
iterative testing a type of design testing that is repeated many times as part of the engineering design process; the results of each repetition are used to modify the next version of the product or tool

restricciones
limitaciones que definen las fronteras de un proceso de diseño (52, 85)
constraints limitations that define the boundaries of a design process

salida
información, material o energía resultante de un sistema o proceso (28)
output information, material, or energy resulting from a system or process

sistema
conjunto de partes interconectadas que trabajan juntas; a veces se lo considera diferente o distinto de su entorno solo con el fin de cumplir los propósitos de una investigación (28)
system a set of interacting parts that work together; sometimes considered distinct from their surroundings only for the purpose of study

tecnología
la aplicación de la ciencia con fines prácticos; el uso de herramientas, máquinas, materiales y procesos para satisfacer las necesidades de los seres humanos (6)
technology the application of science for practical purposes; the use of tools, machines, materials, and processes to meet human needs

Índice

Nota: Los números de página en *cursiva* representan material ilustrativo, como cifras, tablas, elementos en los márgenes, fotografías e ilustraciones. Los números de página en **negrita** representan los números de página de las definiciones.

A

B

C

D

E

F

N

O

P

R

S

T

U

V